轨道交通站域可达性研究

李道勇　藏恒义　著

Research on the Accessibility
of Rail Transit Station Area

化学工业出版社

·北京·

内容简介

本书基于互联网开源大数据，采用定性和定量研究相结合的方法，从轨道交通站域范围划定、可达性量化评估、可达性与空间特征关系等多个维度入手，对轨道交通站域的可达性进行了系统研究。以北京市石景山区为例，采用数据量化的方法对石景山区轨道交通站域的可达性进行了研究，并提出了优化设计策略。

本书可供城市规划相关专业的师生阅读和学习，也可供科研院所的专业技术人员参考。

图书在版编目（CIP）数据

轨道交通站域可达性研究 / 李道勇，藏恒义著.
北京：化学工业出版社，2025.3. -- ISBN 978-7-122-47331-8

I. U239.5

中国国家版本馆 CIP 数据核字第 202543ZX85 号

审图号：京 S（2025）002 号

责任编辑：陈景薇　　　　　　　　　文字编辑：冯国庆
责任校对：宋　夏　　　　　　　　　装帧设计：张　辉

出版发行：化学工业出版社
　　　　　（北京市东城区青年湖南街 13 号　邮政编码 100011）
印　　装：涿州市殷润文化传播有限公司
710mm×1000mm　1/16　印张 6½　字数 106 千字
2025 年 4 月北京第 1 版第 1 次印刷

购书咨询：010-64518888　　　　　　售后服务：010-64518899
网　　址：http://www.cip.com.cn
凡购买本书，如有缺损质量问题，本社销售中心负责调换。

定　　价：68.00 元　　　　　　　　　　　　　　版权所有　违者必究

前言

当前，我国城市轨道交通正处于快速发展阶段，已成为城市居民主要的出行方式。然而，随着轨道交通网络的不断扩张，轨道交通站域出现了环境质量下降、服务设施缺乏等问题，无法满足出行者的实际需求。科学合理地改善轨道交通站域的可达性，有利于打造高品质的出行环境。如何评估轨道交通站域的可达性、量化分析可达性与空间特征之间的关系，并提出相应的规划建设策略，成为新时代轨道交通站域高质量发展的重要突破口。

本书基于互联网开源大数据，采用定性和定量研究相结合的方法，从轨道交通站域范围划定、可达性量化评估、可达性与空间特征关系等多个维度入手，对轨道交通站域的可达性进行了系统研究，并以北京市石景山区作为实证对象，验证了量化分析方法在实际中的可行性。

首先，结合互联网地图提供的服务和开源大数据，对北京市轨道交通站域范围进行了划定，并通过改进的两步移动搜索法，对站域的可达性进行了量化评估分析。

其次，采用机器学习和多种空间计量方法，对北京市轨道交通站域的可达性与空间特征进行了研究，建立了北京市轨道交通站域可达性空间特征模型，并分析了可达性现状的原因，提出了相应的优化建议。

最后，以石景山区轨道交通站域可达性优化项目为例，采用数据量化的方式对石景山区轨道交通站域的可达性进行了研究。笔者认为，基于数据量化的方法不仅可以评估站域可达性现状，而且能直观地反映影响站域可达性的因素，实现对可达性较低区域的定位和优化措施的模拟验证，并结合现有条件，提出相应的优化设计策略。

总体而言，本书采用数据量化的方式分析了北京市轨道交通站域的可达性与空间特征之间的关系。结合实践项目，对石景山区轨道交通站域的可达性现状进行了研究，并根据研究结果提出了相关策略。旨在为轨道交通站域的可达性评估量化和改善建设提供科学方法，为区域的高质量发展提供思路。

著 者

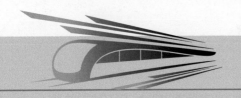

目录

第1章　绪论　001

1.1　研究背景　001
1.1.1　提高公共服务可达性是实现中国式现代化的重要方法　001
1.1.2　改善轨道交通可达性是实现双碳目标的重要手段　002
1.1.3　优化轨道交通可达性是北京市轨道交通高质量发展的要求　003
1.1.4　"最后一公里"可达性是影响轨道交通服务水平的重要指标　003

1.2　研究目标与意义　004
1.2.1　研究目标　004
1.2.2　研究意义　005

1.3　研究对象与方法　006
1.3.1　研究对象　006
1.3.2　研究方法　007

1.4　研究内容与框架　008
1.4.1　研究内容　008
1.4.2　研究框架　009

1.5　本章小结　010

第2章　相关概念与研究综述　011

2.1　相关概念解析　011
2.1.1　可达性　011
2.1.2　轨道交通　012
2.1.3　轨道交通站域　013

2.2　关于轨道交通可达性的国内外相关研究综述　　016
　　2.2.1　国外相关研究综述　　017
　　2.2.2　国内相关研究综述　　018
　　2.2.3　国内外相关研究述评　　019
2.3　本章小结　　019

第3章　轨道交通站域可达性与空间特征关系研究方法　　020

3.1　可达性研究方法　　020
　　3.1.1　基于图论的可达性量化分析方法　　020
　　3.1.2　基于空间网络的可达性量化分析方法　　023
3.2　轨道交通站域可达性度量方法　　024
　　3.2.1　基于出行成本的可达性量化分析方法　　025
　　3.2.2　基于空间形态的可达性量化分析方法　　027
　　3.2.3　基于交互作用的可达性量化分析方法　　027
　　3.2.4　适用方法探讨　　029
3.3　可达性与空间特征关系分析方法　　030
　　3.3.1　相关性分析　　030
　　3.3.2　空间相关性分析　　032
3.4　本章小结　　035

第4章　北京市轨道交通站域可达性评估　　036

4.1　轨道交通站域范围现状分析　　036
　　4.1.1　站域范围获取　　036
　　4.1.2　站域范围评估结果　　037
　　4.1.3　站域范围综合分析　　039
4.2　轨道交通站域可达性评估　　041
　　4.2.1　评估方法改进　　041
　　4.2.2　相关数据的获取与计算　　043
4.3　轨道交通站域可达性空间分布特征　　046
　　4.3.1　站域可达性冷热点分析　　047
　　4.3.2　站域可达性空间自相关分析　　048

4.3.3　站域可达性空间聚类特征分析　　　　　　　　　049
　4.4　本章小结　　　　　　　　　　　　　　　　　　　　050

第5章　轨道交通站域可达性与空间特征关系研究　　　051

　5.1　轨道交通站域空间特征筛选　　　　　　　　　　　　051
　　　5.1.1　站域空间特征选择　　　　　　　　　　　　　　051
　　　5.1.2　站域空间特征空间自相关分析　　　　　　　　　053
　　　5.1.3　站域可达性与空间特征相关性分析　　　　　　　054
　　　5.1.4　站域可达性与空间特征随机森林回归分析　　　　054
　　　5.1.5　站域空间特征因子筛选结果　　　　　　　　　　055
　5.2　模型构建与结果分析　　　　　　　　　　　　　　　　056
　　　5.2.1　可达性空间特征模型比较　　　　　　　　　　　056
　　　5.2.2　结果分析与优化策略　　　　　　　　　　　　　057
　5.3　本章小结　　　　　　　　　　　　　　　　　　　　061

第6章　实践案例：石景山区轨道交通站域可达性优化　　062

　6.1　石景山区轨道交通站域可达性评估　　　　　　　　　063
　　　6.1.1　站点与站点承载力　　　　　　　　　　　　　063
　　　6.1.2　人口分布与需求单元划分　　　　　　　　　　064
　　　6.1.3　可达性评估结果　　　　　　　　　　　　　　066
　　　6.1.4　不同区域可达性比较　　　　　　　　　　　　069
　6.2　可达性优化方式模拟分析　　　　　　　　　　　　　071
　　　6.2.1　步行可达性结果分析　　　　　　　　　　　　071
　　　6.2.2　骑行可达性结果分析　　　　　　　　　　　　073
　　　6.2.3　结果分析总结　　　　　　　　　　　　　　　075
　6.3　结合现状精准施策　　　　　　　　　　　　　　　　076
　　　6.3.1　站域现状调研　　　　　　　　　　　　　　　076
　　　6.3.2　优化设计策略　　　　　　　　　　　　　　　079
　6.4　本章小结　　　　　　　　　　　　　　　　　　　　080

第 7 章　结论与展望　　　　　　　　　　　　　　**082**

　　7.1　主要结论　　　　　　　　　　　　　　　　082
　　7.2　研究不足与展望　　　　　　　　　　　　　084

参考文献　　　　　　　　　　　　　　　　　　　**085**

附录　　　　　　　　　　　　　　　　　　　　　**093**

第1章

绪论

1.1 研究背景

自改革开放以来,中国城市化进程不断加速,导致城镇人口密度和数量大幅增加,因此需要优化城市公共服务设施分布现状或供给能力,提高公共服务设施的可达性。但城市公共服务设施的规划和建设不仅需要大量资金、人力和物力资源,而且需要充足的时间,以致部分公共服务设施供给能力和服务质量无法满足居民需求。

此外,随着中国经济的高速增长,社会财富总量大幅增加,同时出现了贫富差距扩大、区域发展不平衡等问题。人民对生活品质的关注程度提高,进一步复杂化了公共服务设施可达性问题。

1.1.1 提高公共服务可达性是实现中国式现代化的重要方法

实现共同富裕是中国式现代化的重要特征和本质要求。党的二十大报告中,习近平总书记指出:"中国式现代化是全体人民共同富裕的现代化"。强调着力解决好人民群众急难愁盼问题,健全基本公共服务体系,提高公共服务水平,增强均衡性和可及性,扎实推进共同富裕。习近平总书记的这些论述为提高公共设施服务水平提供了根本方向。

提高公共服务设施的可达性是实现共同富裕的逻辑前提。习近平总书记要求解决就业、住房、教育等基本公共服务问题。这表明实现中国式现代化必须与公共服务协调,共同富裕是公共服务可达性的高级形态之一,提高公共服务可达性是实现中国式现代化和共同富裕的前提条件。

因此,提高公共服务设施的可达性不仅直接关系到中国式现代化进程的推进,影响人民幸福感和获得感,而且是实现中国式现代化的重要方法。

1.1.2 改善轨道交通可达性是实现双碳目标的重要手段

2020年9月22日,中国宣布了"双碳"目标,即"二氧化碳排放力争于2030年前达到峰值,2060年前实现碳中和"。为了实现这个目标,各个行业都需要进行系统研究,提出减碳路线图。随着社会经济发展,全球交通碳排放仍在稳步增长。据国际能源署预测,全球交通碳排放占比在2030年和2060年将分别达到50%和80%[1]。交通部门不仅是欧盟自21世纪以来唯一碳排放保持增长的部门,也是我国温室气体排放增长最快的部门[2]。全球温室气体排放占比如图1-1所示。

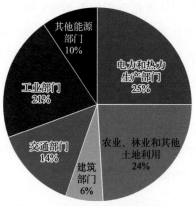

图1-1 全球温室气体排放占比

(图片来源:美国环境保护机构)

提高轨道交通可达性可以促进公共交通的使用。轨道交通是城市公共交通的重要组成部分,提高轨道交通的可达性可以更方便地满足市民出行的需求,从而减少私人汽车的使用量，进而减少碳排放[3]。

提高轨道交通可达性可减少城市拥堵。城市拥堵不仅是城市交通问题的一个主要方面，而且是城市碳排放的重要来源之一[4]。通过提高轨道交通可达性，从而减少城市交通拥堵，进而减少交通碳排放，以实现"双碳"目标。

1.1.3 优化轨道交通可达性是北京市轨道交通高质量发展的要求

轨道交通作为北京市重要的交通方式之一，历经了半个多世纪的发展，线路总长度已经超过 1000km，包括近 800km 的城市轨道交通以及 300km 的市域（郊）铁路。这个超大规模的线网已经成为支撑首都高质量发展、保障居民出行、缓解交通拥堵的重要基础设施。

为进一步提升轨道交通的服务质量并满足不断增长的出行需求，北京市政府制定了《北京市轨道交通线网规划（2020 年-2035 年）》，包含了一系列目标和规划构建。规划目标包括"服务四个中心功能建设""提升绿色出行比例""推动城市高质量发展""提高轨道出行比例""提高轨道出行效率"等。这些目标凸显了北京市政府致力于打造高质量的城市发展，注重环保和满足居民的出行需求的目标。

围绕轨道站点推动城市更新作为规划构建方法之一，北京市政府希望通过改善轨道交通周边的环境品质，以促进区域内的经济发展和社会进步。此外，还计划通过提高轨道交通的服务水平，加强与其他交通方式的衔接，提升乘客通勤出行的便捷性，为城市居民提供更加便利和舒适的出行方式。

1.1.4 "最后一公里"可达性是影响轨道交通服务水平的重要指标

通勤品质在很大程度上影响城市居民的生活幸福感。在以公共交通为出行方式的通勤行为中，城市居民对步行到站的过程更为敏感，也更影响居民的通勤满意度。可达性作为反映城市居民获取公共交通服务方便程度的指标，在一定程度上影响了居民的通勤品质，因此对"最后一公里"可达性的研究可以促进轨交服务水平的提升。

通勤满意度指的是居民对通勤出行过程的评价，是衡量城市规划水平的重要指标，也是影响居民身心健康和社会公平的重要因素。Truong 等根据测算得出"最后一公里"的价值要高于公交出行途中的旅行价值[5]。Wardman 经过问卷调查和定量分析认为,"最后一公里"的价值是出行途中的1.46倍[6]。综上可知,虽然测算结果有不同,但是结果都表明,当"最后一公里"可达性降低时,居民选择该公共交通的意愿和出行效率就会降低。此外,在使用轨道交通出行的城市居民中,"最后一公里"的出行方式有多种,如步行、骑行和乘坐私家车等。过往研究表明,通勤过程中,"最后一公里"的出行方式为步行时,通勤满意度要高于骑行和乘坐私家车出行。

1.2 研究目标与意义

1.2.1 研究目标

轨道交通对城市发展的影响主要体现在站域范围[7]。北京市作为一个超过2000万人口规模的超大型城市,随着人口不断聚集,其发展核心正在逐渐向边缘转移[8],轨道交通已经成为城市居民重要的通勤出行方式。这种情况下,轨道交通不仅可以为人们活动提供更高的可达性,支持可持续的交通模式,而且可以引导沿线地区的发展[9,10]。

轨道交通站域可达性作为使用者的空间感知,不仅是站域空间各因素共同作用的结果,而且可以反映以轨道交通出行为主的"最后一公里"通勤满意度[11]。许多学者开始从可达性出发,探讨轨道交通站域规划建设更新问题,目前已成为轨道交通领域的一个重要研究方向[12]。

提高轨道交通站域可达性是提高出行满意度和幸福度的重要举措。探究可达性分布现状及站域空间特征,可以为提高站域可达性提供依据和指导。如何建立北京市轨道交通站域可达性评估模型,分析北京市轨道交通站域可达性的空间分布特征和站域空间特征,为轨道交通站域规划建设和环境改善提供决策支持,是本书的核心议题。综上所述,本书的研究目标主要有以下三点。

① 探讨北京市轨道交通站域可达性的空间分布特征。通过对北京市轨道交通站域可达性的空间分布特征研究,明晰北京市轨道交通站域可达性现状,进而对资源进行整合,明确可改善站域空间分布,促进站域空间高质量、有序

发展。

② 建立北京市轨道交通站域可达性与站域空间特征模型。探讨轨道交通站域可达性与轨道交通站域空间因素之间的关系，并以多模型分析轨道交通站域可达性与轨道交通站域空间因素之间的相关性，选取最优模型建立站域可达性与空间特征模型，利用科学方法分析轨道交通站域空间特征与轨道交通站域可达性之间的关系。

③ 选取石景山区轨道交通站域作为研究对象，通过两步移动搜索法量化轨道交通站域可达性，并提出石景山区轨道交通站域可达性提升策略，以期以数据量化的方式发现轨道交通站域可达性现状问题，并达到精准施策的目标，为轨道交通站域可达性的规划建设和更新提供新思路。

1.2.2 研究意义

（1）理论意义

城市交通网络体系对城市空间发展的演化过程产生了重要影响。当前，城市快速发展，不但面临着土地资源紧缩和城市交通拥堵的城市问题，交通网络过载运行和环境污染等问题也成为阻碍城市发展的重要因素。轨道交通是城市公共交通体系的重要组成部分，探讨城市轨道交通站域可达性与站域空间因素的数学关系，建立轨道交通站域可达性评价和空间特征模型，对于轨道交通站域空间规划建设和改善具有一定借鉴意义。

（2）实践意义

北京市城市轨道交通建设已经进入高质量发展阶段，其方便快捷和运力大等特点决定了其在可持续城市发展中的重要地位。然而对于轨道交通站域空间品质规划建设提升正处于起步阶段，如果没有科学的规划建设指导，将会引发新一轮的站域空间品质下降，进而无法达到站域空间高质量发展的目标。本书以石景山区轨道交通站域为实践对象，从理论和实践两个层面，分别探讨了北京市轨道交通站域可达性与站域空间因素的关系。为轨道交通站域可达性与站域空间因素之间的关系提供了相关性模型，提出了基于数据化决策改善轨道交通站域可达性的优化路径，对于推动北京市轨道交通站域空间高质量发展具有现实指导意义。

1.3 研究对象与方法

1.3.1 研究对象

本书以北京市轨道交通站域为研究对象。使用 Python 从高德地图开放平台（访问于 2022 年 3 月 14 日）中以北京市为搜索区域，以地铁站点为关键词，获取高德地图 POI（point of interest，兴趣点）返回结果，共获得 436 个轨道交通站点位置数据，其中有 5 个站点位于河北省三河市，如图 1-2 所示。行政边界数据基于从天地图网站获得的审图号为 GS(2016)610 号的京津冀地图以及审图号为京 S(2021)023 号的地图制作而成，投影采用 WGS_1984_UTM_Zone_50N，底图边界无修改。

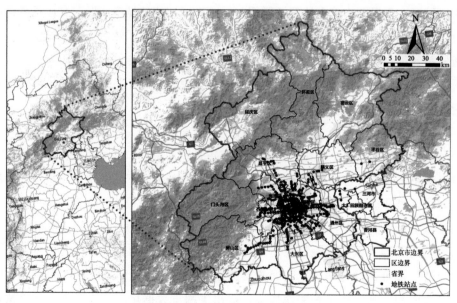

图 1-2 北京市区位示意

用于计算轨道交通站域可达性的影响因素的数据来自多方面，其中包括来自阿里云大数据平台的行政边界数据（访问于 2022 年 6 月 3 日）；来自高德地图开放平台的 POI 数据和路网数据（访问于 2022 年 7 月 14 日）；来自 WorldPop 网站的 2020 年人口分布数据（访问于 2022 年 7 月 16 日）；来自链家网的住宅小区房价数据（访问于 2022 年 8 月 13 日）；来自 GlobleLand30 网站的建设用地数据（访问于 2022 年 8 月 20 日）。数据来源统计如表 1-1 所示。

表 1-1　数据来源统计

数据名称	获取时间	来源	格式	数量或分辨率
行政边界	2022 年 6 月	阿里云大数据平台	矢量线	—
POI	2022 年 7 月	高德地图开放平台	Excel	981860 个
路网数据	2022 年 7 月	高德地图开放平台	矢量线	—
100m 分辨率人口分布	2022 年 7 月	WorldPop 网站	栅格	100m
房价数据	2022 年 8 月	链家网	Excel	189956 个
地块类型	2022 年 8 月	GlobleLand30 网站	矢量面	100m

1.3.2　研究方法

（1）理论研究与实证研究相结合

在对城市轨道交通站域进行研究时，需要将理论研究和实际相结合，进而明确发展现状和存在的问题，以发掘本书的研究价值。通过理论研究与实证研究，既可以提高本书研究的科学价值，也可以提升实践应用价值。因此，本书以理论研究作为科学指导，以实证研究作为理论研究的深化，两者结合，对城市轨道交通站域可达性展开一系列分析探讨。

（2）定性研究与定量研究相结合

定量研究作为定性研究的补充，可以根据统计数据，支撑定性研究的结论，使其更具有科学性和说服力。本书在研究中采用两者相结合的方法，一方面对轨道交通站域进行定性分析，描述轨道交通站域概念，划定轨道交通站域的范围，并对所研究的轨道交通站域可达性的研究内容进行论述；另一方面，通过大量数据建立数学模型，计算出所需要的各个指标，将轨道交通站域可达性与周边空间因素的关系进行细致刻画，从而得到广泛可靠的结论。两者相结合能得到更好的结论。

（3）问卷调查法

为探究改善方法的适用性，本书对石景山区鲁谷街道的居民选择展开了问卷调查，以获取居民对改造方案的反应，并对所获得的调查数据进行分析，为本书研究提供科学依据。

1.4 研究内容与框架

1.4.1 研究内容

本书主要以北京市轨道交通站域可达性和站域周边空间特征现有情况为基础,分析两者之间的关系,探讨城市轨道交通站域空间特征对可达性的影响机制,建立城市轨道交通站域可达性空间特征模型。通过轨道交通站域范围、轨道交通站域可达性与空间特征关系的探究,提出大数据量化分析支持的轨道交通站域可达性优化建设方法,并以石景山区为实践对象进行验证,以期为今后城市的规划和建设以及推动城市轨道交通高质量可持续发展提供参考借鉴。

研究内容主要由以下四个部分组成。

(1) 基础研究

分析了本书研究的现实背景,根据北京市轨道交通站域可达性现状提出站域高质量发展中所面临的问题,明确研究目的与研究意义,确立研究框架。并在此基础上,对国内外相关资料文献进行分析总结,对轨道交通站域可达性研究的相关基础理论进行描述,通过对文献的梳理,指出相关研究的局限性,以进行更深入的探索。在对理论研究进行总结后,归纳分析本书研究过程中所要使用的研究方法,对轨道交通站域范围量化、轨道交通站域可达性评估、轨道交通站域可达性与空间特征模型构建的相关研究方法进行阐述,以选择合适的定量分析方法。

(2) 实证研究

首先,建立北京市轨道交通站域可达性模型和轨道交通站域空间因素指标体系。其次,利用多种分析方法,对北京市轨道交通站域可达性和站域空间因素之间的关系进行实证研究,建立北京市轨道交通站域可达性评价模型和空间特征模型,探讨轨道交通站域可达性与站域空间因素的关系。最后,通过所建立的模型,对轨道交通站域可达性现状与存在问题展开剖析并提出优化策略。

(3) 实践部分

以石景山区慢行示范街道建设实践项目为例,通过数据的量化分析,对石景山区轨道交通站域可达性进行研究,并对站域可达性较低的区域提出针对性改善策略。

（4）总结部分

对本书进行总结和评价，指出本书的局限性，并对后续研究进行展望。

1.4.2 研究框架

本书依据如图 1-3 所示的框架展开研究。

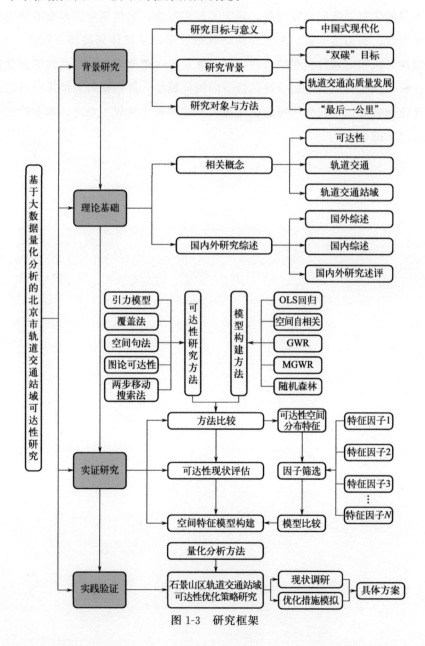

图 1-3 研究框架

1.5 本章小结

本章从课题的研究背景开始，明晰了提高轨道交通站域可达性的重要性，确定了本书的研究对象和研究内容，确定了研究方法，最终制定了本书的研究思路与技术路线。本书结合实地勘察和网络数据收集，从整体到局部开展实证研究，利用定性分析和定量分析相结合的方法对北京市轨道交通站域可达性的现状进行深入分析，创建轨道交通站域可达性空间特征模型，并根据研究结果对石景山区轨道交通站域可达性较低区域的优化提出相应的策略建议。总之，本章确定了本书的论述基础。

第 2 章
相关概念与研究综述

2.1 相关概念解析

2.1.1 可达性

可达性的研究最早应用于公共服务设施。1959 年 Hansen 首次对可达性进行定义，即"交通网络中各节点相互作用的机会大小"[13]。随着后续不断研究发展，广义的可达性可以指由一点到达另一点所需要的成本。狭义的可达性是指空间对人获得服务或者接近机会等的阻碍程度。

可达性作为空间分析方法，在量化方面既可以根据由一点到达另一点所需要的距离成本或时间成本，也可以根据获取节点服务或条件所需的成本等。学者们基于不同的研究视角，在后续研究中提出并完善了可达性在不同领域的定义，可达性定义通常包括以下 6 种。

① 克服空间障碍的难易程度。
② 参与或者获得某种活动或机会所需要的成本。

③ 在交通系统中，由一点至另一点所需要的成本。

④ 空间相互影响的潜力。

⑤ 某一区域内的人或者物接近某种活动或服务的潜力。

⑥ 出行的效用。

在以上可达性定义中，包括以下两个基本要素。

① 出行阻抗，除了距离和时间成本外，还包括出行期间的其他成本，也包括出行期间的消费成本等。

② 获得服务的便利程度或者目的地的吸引力。

本书研究轨道交通站域可达性，重点关注从出发地到轨道交通站点的慢行可达性。在本书中，可达性是指利用某种出行方式到达目的地的便利程度。本书以通勤的"最初一公里"和"最后一公里"为研究对象，着眼于轨道交通站域地面慢行环境的可达性，研究内容包含通过步行和骑行到达轨道交通站点的站域可达性。

2.1.2 轨道交通

轨道交通具有较高的行驶速度和较强的运输能力，可以满足城市快速、高效、舒适的交通需求，是现代城市公共交通系统中不可或缺的一部分。1832年在美国曼哈顿建成了第一条轨道交通———一条由有轨马车拉动的铁路，总长2.4km，可容纳约30名乘客[14]。随着科技的进步，轨道交通的客运能力也得到了大幅提升。我国轨道交通建设起步较晚，在20世纪90年代后开始逐步发展，至2010年左右形成相对完善的轨道交通网络。

在世界范围内，并没有对城市轨道交通进行统一明确的定义。轨道交通通常是指包括市区地铁、市域郊铁路等以使用轨道运行的快速高密度交通。我国在《城市客运术语 第3部分：城市轨道交通》（GB/T 32852.3—2024）中对城市轨道交通的定义为：采用专用轨道导向运行的城市客运交通系统。根据2007年实施的《城市公共交通分类标准》，城市轨道交通包括适用于地下、地面或高架的大运量和中运量的地铁系统、轻轨系统和单轨系统。在《城市轨道交通分类（征求意见稿）》中，将城市轨道交通定义为采用专业轨道导向运行、以服务通勤为主要目标的集约化城市公共客运交通系统，可以分为地铁系统、轻轨系统、有轨电车系统、市域轨道系统、跨座式单轨系统、悬挂式单轨系统、自动导向轨道系统（AGT或APM）、导轨式胶轮电车系统、中低速磁浮系统、高速磁浮系统。轨道交通分类如表2-1所示。

表 2-1 轨道交通分类

类别	最高速度 /(km/h)	最小半径 /m	最大坡度 /%	布设方式	轨道形态	线路长度 /km
地铁	70~100	120	3.5	地下、地面、高架	专用轨道	10~30
轻轨/有轨电车	70~100	20	3.5	地下、地面、高架	专用、合用轨道	平均30
单轨	60	50~120	6	地下、高架	专用轨道	1~20
导向轨道	60	100	6	地下、高架	专用轨道	3~15
磁悬浮	100	100	6	地下、高架	专用轨道	11

注：资料来源于《城市轨道交通分类（征求意见稿）》。

地铁系统是轨道交通系统和日常通勤中重要的组成部分，本书研究的轨道交通系统主要指城市中的地铁系统。本书研究对象为由高德地图API（application programming interface，应用程序编程接口）爬取的以地铁站作为类别的POI站点，不包括在北京市路面上行驶的有轨电车（北京市亦庄新城现代有轨电车T1线为在路面上行驶的有轨电车，截至2023年6月共开通14座站点，皆为地面站点）。

2.1.3 轨道交通站域

轨道交通站域的概念主要来源于TOD（transit-oriented development，以公共交通为导向的开发）理论，对TOD的研究起源于美国。1890~1920年，城市空间形态由步行和马车为导向，转变为以电车和火车为导向，并呈现出轴线放射状的特点[13]，如图2-1所示。这时，公共交通改善了人们的出行方式，增加了出行距离，扩大了出行可达范围。

1945年之后，由于工业化的发展，私家车的普及，以及人们对于自由出行的需求，城市空间形态的发展也转变为以小汽车为导向。在这种情况下，交通可达性大幅度提升，城市空间无限延伸。城市无序发展、交通日益堵塞、人居环境恶化、城市中心区衰弱等问题都逐渐出现[14]。1993年，美国的Peter在其著作 *The next American Metropolis* 中对TOD的定义、类型、要素和指导原则等进行了系统的阐述，被认为是TOD理论的正式提出[15]。

TOD最早的建设可以追溯到19世纪末的美国[16]。Peter Calthorpe对TOD提出了基础的定义，他认为TOD是一种混合型的社区发展模式，处在以公共交通站点或核心商业区为中心，以10min舒适步行距离为半径的范围内[15]。基于此，不断有学者和机构对 TOD 的概念进行更加深入的探讨[17~24]，如表 2-2 所示。

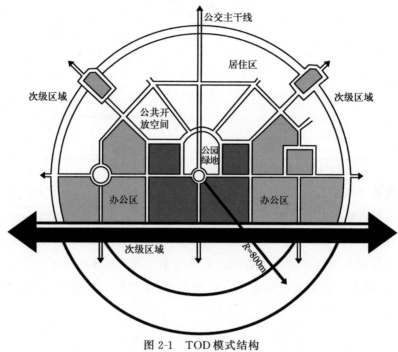

图 2-1 TOD 模式结构

表 2-2 TOD 相关定义

学者姓名或机构名称	对 TOD 的定义
Marlon Boarnet	加强及开发公共交通站点附近居住用地的实践
David Salvesen	对特定区位的混合开发行为
Tom Still	一种鼓励公共交通，限制小汽车出行的混合功能社区
R. Ewing	以公交为主的公共交通友好型片区
M. Bernick, R. Cervero	在公共交通站点周围建立生活成本较低的居住区
K. J. Krizek	紧凑有效的公交开发，多样混合的生活社区
D. R. Porter	以公交为重点，对公交站点及沿线的综合开发方式

轨道交通站域指的是在轨道交通站点对周边城市空间产生影响的区域，该区域范围的划分具有不同标准，主要是根据步行半径和直线距离半径确定，也有按照站点功能和其他因素进行确定站域范围。

虽然 Peter Calthorpe 对 TOD 最初的定义划定了 TOD 的范围，即 10min 舒适步行可达到的范围[15]，但是在以后对 TOD 的研究与规划建设上，仍然有不少学者和机构对 TOD 的范围进行了重新的研究和定义，以期来满足不断变化的实际情况对现实建设的要求。

其中大多数是通过对步行可达性的研究来确定 TOD 的范围划分。如有学者认为不同出行方式的适用距离可以影响 TOD 的服务范围，轨道交通站点与目的地的距离在 1km 以内时，居民更倾向于选择步行出行[25]。

由于生理条件和心理状态的影响，出行者可以接受的步行时间和范围具有容忍限度，被称为步行时空阈值[26]。一般情况下，步行时间超过 15min 时，出行者就会放弃采用步行出行，从而选择其他出行方式[27]。还有学者通过统计出行者到公共交通站点的距离和时间发现，出行者到站点距离通常在 700~900m 之间[27~29]，时间在 8~12min 之间[30~32]。因此对 TOD 范围的划分应当在 1000m 以内。部分实践案例对 TOD 范围的划分也是在这个范围中[33~36]，如表 2-3 所示。

表 2-3 各地区对站域范围的划分

地区	核心区域范围/m	中心区域范围/m	边界距离/m
达拉斯市	200	400	800
佛罗里达市	400	800	1600
渥太华市	—	—	600
马里兰州	400	—	800
东莞市	300	—	800
成都市	500	—	800

除了根据普通人的步行可达性的研究之外，有些学者将目光聚焦在特殊人群身上。随着老龄化程度的加重，通过研究老年人的出行状况，考虑老年人的出行需求，按照老年人步行 200~500m 的范围，规划 TOD 的范围和公共交通站点，以期建设老年人友好的 TOD 社区[37]，这方面在日本的实践较多，如表 2-4 所示。

表 2-4 日本对 TOD 划分半径的参考

地区	参考老年人步行速度/(m/min)	TOD 划分范围(半径)/m
富山市	50	500
熊本市	60	800
枚方市	50	1000
八王子市	70	700

从以上对 TOD 范围的划分结果来看，大多数的划分都不会超出 1000m 的范围，这样的划分是符合普通出行者的出行习惯和要求。

现在已有学者和机构通过大数据等方式对 TOD 的范围进行了新的研究，比如利用 POI、道路网络[38]、公共交通线路等城市数据进行 TOD 的范围划分[39]。新技术的运用能够为 TOD 范围的划分提供大量的、客观的数据支撑，也能逐渐地量化 TOD。

本书对轨道交通站域的划分主要是由轨道交通站点出发，以步行或者骑行方式 15min 所能覆盖的范围。该轨道交通站域范围数据通过高德地图开放平台提供的路径规划 2.0 获得，具体方法和内容将在第 3 章和第 4 章进行介绍。

2.2 关于轨道交通可达性的国内外相关研究综述

TOD 鼓励发展公共交通和步行、自行车等低碳出行方式，限制的是小汽车的出行方式[40]，因此可以通过对出行的研究来评价 TOD 的建成环境。主要的评价研究围绕着公共交通出行、步行出行、骑行出行和小汽车出行展开。

由于 TOD 步行友好性的性质，其中对于步行出行和骑行出行构成的慢行系统的研究是主要方向。传统的研究方法是基于建成环境的现状情况收集资料，并对如问卷调查、搜集客流情况[41]、出行路线等资料进行定性分析[42]，形成量化的标准。或者通过对实际案例进行对比研究，探索慢行系统影响 TOD 地区的发展因素。

随着社会的公平发展，亦有学者将特殊群体在 TOD 的出行作为评价 TOD 的指标进行研究，从而提出老年人友好型、残疾人友好型[43] 等 TOD 的规划方法策略和评价体系。其中对残疾人的出行的研究发现，用地功能的混合程度对残疾人的出行影响并不大。更需要的是提高 TOD 地区的可达性和人文关怀服务[44]。

现在的大数据等技术的发展，也为基于出行的 TOD 的评价体系的研究提供了更多的方法，新技术的应用让评价体系的建立和研究有了更加大量和客观的数据支持[45]。相关学者提出了很多利用计算机辅助评价的方法，主要被采用的有比尔·希利尔提出的用空间句法的方式进行步行系统的研究[46]。此后这种研究方法被用在轨道交通站点、TOD 地区街道可达性等方面。

2.2.1 国外相关研究综述

关于轨道交通可达性的研究随着轨道交通系统的发展也逐渐增加。其中既有对轨道交通可达性评估和影响因素的研究，也包括对轨道交通可达性与周边空间因素关系的研究。其中，Li等使用空间句法对西安地铁网络的可达性进行了度量评价[47]。类似的是Sung等使用复杂网络理论对北京地铁网络可达性进行了量化分析，以对北京市地铁网络的可达性进行评估计算[48]。Kim等基于出行时间，对韩国光州地铁网络发展过程中，轨道交通网络的可达性变化进行了量化分析，并将结果分为三个变化阶段[49]。Song等通过对首尔地铁网络发展阶段轨道交通网络可达性的变化，发现轨道交通网络可达性呈现出由内而外的增长模式[50]。Chen等使用出行时间矩阵评价南京市轨道交通站点的可达性，总结了轨道交通网络的演化规律[51]。Li等通过对北京市轨道交通网络进行拓扑图的构建，评估了北京市轨道交通网络交通可达性，并发现了换乘便利性的问题，基于此提出了规划建议，保障乘客的便利性[52]。除此之外，Jiang等通过对地铁客流量的监测以及站域周边土地利用特点，提出了轨道交通站点的可达性评价方法[53]。

以上都是将轨道交通可达性进行量化的方式，对轨道交通可达性进行研究。此外，Prasertsubpakij和Nitivattananon通过调查乘客对泰国地铁可达性的主观感受，从而对轨道交通可达性进行了研究[54]。Bivina等在印度采用访问形式来调查乘客对轨道交通站域步行环境的满意度，并提出了提高轨道交通站域可达性的相关策略[55]。

对轨道交通站域可达性研究主要围绕对可达性评估和影响因素的定性。Kusumo在对城市设施的可达性做对比时发现，站点与街道网络具有良好集成度的轨道交通站域可达性较高[56]。Zuo等研究了公交站的慢行路网连通性与公交出行之间的关系[57]，也讨论了慢行对公共交通可达性的影响[58]。Carra等通过应用回溯算法来考虑静态区域的可达性，该算法通过确定距离最短的人行道来优化[59]。

轨道交通站域可达性与周边空间因素关系的研究，更多的是对两者在数值关系上进行探讨。空间因素与可达性在数值上表现出相关性，则可认为两者有关系。对于两者因果的关系对位，具有相关性的轨道交通可达性与空间因素可以互相影响，自上而下的规划与自下而上的现状对规划的影响皆可以认为两者具有因果关系。如Merlin等通过对2017年美国50个城市的分析认为，轨道交通可达性与人口规模、城市形态和服务质量有关。并且对轨道交通可达性和乘客量的数量关系进行分析，认为轨道交通可达性可以影响其乘客量，轨道交通可达性也表明了该系统所能提供的服务质量[60]。Papa等通过对城市形态和可达性的关系研究，认为轨道交通可达性可以影响居民就业机会，但是在轨道交通可达性与居民的工作密度之间没有发现相关性[61]。He认为轨道交通网络可达性可以对站域周边房地产价格产生影响，随着轨道交通可达性的提高，位于郊区的站域周边房地产价格升值幅度大于市区[62]。

2.2.2 国内相关研究综述

与国外轨道交通可达性的相关研究相比，我国学者也进行了很多研究。在轨道交通可达性研究方面，既有使用传统方式对轨道交通网络可达性进行探讨，也有少量的轨道交通站域可达性的研究。

程昌秀等根据北京地铁站间换乘时间，采用空间句法的方式对北京市轨道交通网络及末端站点的可达性进行了定量研究[63]；他们认为使用空间句法对轨道交通可达性的评价是可行的，但是该方法在起始站和换乘站的可达性评价相较于整个轨道交通网络可达性更加精细可靠。周群等在对广佛地铁的研究中也同意以上观点，并将空间句法进行改进，将站点和站间线路作为研究对象，探究广佛地铁的可达性分布状况演变规律[64]。

魏攀一等基于公交换乘和轨道站点间通达便利性对北京市地铁线路进行了研究[65]；他们认为准确的轨道交通可达性评价对站域周边规划的决策具有重要作用。通过轨道交通站点间的换乘，使用ArcGIS等工具建立了轨道交通可达性计算模型。结果表明，该方法可以对轨道交通可达性进行定量计算，具有较好的应用价值[65]。

其他学者也提出了很多对轨道交通可达性评估的方法。如姚志刚等将直线缓冲区法进行优化，提出路网距离缓冲区法、路网衰减法等[66]。

马书红等通过确定站点对不同接驳方式的辐射范围，计算不同出行方式及站域的可达性[67]。

互联网地图的发展给轨道交通可达性的研究带来了新的契机和更广阔的视角。肖博华通过使用互联网地图，提出融合互联网地图数据和网络分析的计算方法，并以该方法对芜湖市的轨道交通建设方案进行了评价[68]。

戴智等通过互联网地图开源数据，调用路径规划API，以深圳地铁为例对轨道交通站域步行和骑行可达性指标进行了量化评价，并进行比较分析，认为可以通过骑行改善轨道交通站域可达性。以上学者研究均使用了互联网地图 API，并进行了相关的研究分析，表明了互联网地图 API 数据与现实的拟合度更强，对相关研究具有较大帮助[69]。

2.2.3 国内外相关研究述评

通过对国内外相关研究的总结来看，过往研究已经扩展了可达性在轨道交通研究领域的应用。不但探讨了多个可达性评估方法在轨道交通领域的使用，而且提出了在多种评价体系下的轨道交通可达性改善方法。然而，对轨道交通可达性的研究更多的是专注于轨道交通自身网络结构的可达性，对轨道交通站域可达性的探讨较少。研究方法也关注通过轨道交通站点和线路的联系获得可达性的量化指标，缺少从供需角度对轨道交通可达性的思考。该类研究将视角放在宏观的轨道交通网络站点规划上，可以对宏观的轨道交通网络规划、站点选址和土地开发具有一定的指导意义。

但城市轨道交通作为开放的系统，对由起讫点至站点的可达性，即轨道交通站域可达性的研究尚不充分。虽有少量轨道交通站域可达性的研究，但从研究角度看，也少见从供需关系出发的站域可达性研究。此外，从研究内容上看，更多局限于对可达性的量化评估，缺少对多项站域空间特征与可达性之间的关系的量化，也缺少新研究方法在该领域的应用研究。

因此本书将从供需角度出发，基于互联网地图大数据和机器学习方法，对轨道交通站域可达性进行量化评估，并探索站域可达性与空间特征的关系，以期为轨道交通站域可达性研究提供新的思路。

2.3 本章小结

本章对可达性、轨道交通和轨道交通站域的概念进行了分析比较与阐述；对本书研究对象"轨道交通站域"的范围进行了界定；并且对相关轨道交通可达性的过往研究进行了整理分析，认为对轨道交通站域可达性的研究较少，并且缺少对轨道交通站域可达性与站域空间特征关系的探索，且少有从供需角度对站域可达性的量化研究，进而明确了本书研究的方向和创新点。

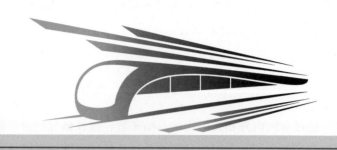

第 3 章

轨道交通站域可达性与空间特征关系研究方法

3.1 可达性研究方法

3.1.1 基于图论的可达性量化分析方法

图论可达性表示的是建立在城市空间图论表示上的可达性指标[70]，用于描述在一个图中两个节点之间是否存在一条路径。在城市规划和交通规划领域，图论可达性常被用于分析城市和交通网络中不同节点之间的可达性和连通性，以及评估不同交通方案或城市规划方案的优劣，是城市空间转化为数学模型进行量化分析的基础。

在图论中，一个图由节点和边组成，节点表示图中的对象或位置，边表示节点之间的关系或连接。一个有向图表示边是单向的，即从一个节点出发只能到达它连接的节点；一个无向图表示边是双向的，即两个节点互相连接。在城市和交通规划中，通常使用无向图来表示道路、轨道等交通网络，其中节点表示道路相交点、公共服务设施点、轨道交通站点等位置，边表示连接这些位置的道路或轨道。

在一个无向图中，图论可达性可以用于判断节点与节点之间是否存在路径。如果两个节点之间存在路径，就说明它们是可达的；如果不存在路径，则说明它们是不可达的。在实际应用中，图论可达性可以用于计算两个节点之间的距离、时间、成本等指标，以及评估交通方案或城市规划方案的可行性和效果。因为该方法没有考虑不同空间之间功能的差别，所以研究的是一个在非平衡的空间系统中的物质空间自组织性。Batty将图论表示法中两种城市空间网络的表示方法定义为原初表示法和对偶表示法[71]。

（1）原初表示法

原初表示法（first representation）是指在城市道路交通系统中，用简单的线段来表示道路、街区和交通网络等元素的一种基础表示方法。这种表示方法广泛应用于城市规划、交通规划、地理信息系统等领域。它是城市空间分析和模拟的基础，也是许多计算机模型的基础。这种方法简单易懂，容易被人们接受和理解，同时也具有较高的可视化效果。随着城市空间数据量的不断增加，基于原初表示法的方法也在不断发展和改进。Florea等在对城市空间网络分析的时候，将"邻近度"这个概念进行扩展，进而提出将"邻近中心度"作为可达性度量指标，并推出了评价工具。该可达性度量描述了空间网络中节点之间的邻近程度，邻近中心值越高则表示研究对象可达性越高[72]，如图3-1所示。

（2）对偶表示法

对偶表示法是拓扑学中的一个概念，它是将一个拓扑空间中的一些基本概念通过对偶的方式转化成另一些基本概念的方法。简单来说，对偶表示法就是对给定的拓扑空间做一种镜像或翻转操作，从而得到一个新的拓扑空间，并且这两个拓扑空间在某些方面是等价的。

在对偶表示法中，拓扑空间中的每个点都对应于新空间中的一个区域（称为cell），而每个区域则对应于原空间中的一个点或一些更高维度的结构（如线或面）。这种对偶关系将拓扑空间的点和区域之间的关系互换了一下，从而可以更方便地研究原空间中的某些性质。

在城市规划领域，对偶表示法通常被应用于城市道路网络的分析和设计。对偶表示法通过将城市道路网络的节点和边互相转换，形成一个新的图形结构，称为对偶图，来进行城市道路网络的分析和设计，如图3-2所示。

 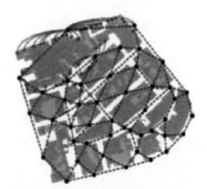

图 3-1　城市空间原初表示法　　　　图 3-2　城市空间对偶表示法

对偶图的节点对应原图中的边，对偶图的边对应原图中的节点。因此，对偶图中的节点表示原图中的边的交点，对偶图中的边表示原图中的节点间的连通性。在对偶图中，每个节点都对应原图中的一个面，称为对偶面。作为空间网络的拓扑结构，该方法忽略了道路的矢量特征，强调的是空间之间的关系。

基于对偶表示法，Hillier 以"可见即可达"的原则建立了空间句法的理论和模型，并提出了"空间整合度"这个概念，即在城市空间网络系统中某空间到达其他空间的拓扑临近程度。该程度越高，则所研究的空间在城市空间网络系统中的可达性越高[73]。

空间句法是一种用于分析城市空间与社会关系的理论和技术，是一种应用广泛的图论可达性计算方法。其基本思想是通过将空间进行分割和尺度划分，以此分析研究空间与社会之间的复杂关系。需要注意的是，这里所谓的"空间"包括可进行量化的研究对象以及空间之间现实具象距离和数学抽象距离等关系。通过对城市空间结构的分析，空间句法可以揭示城市空间结构与社会关系之间的内在联系，并为城市规划提供科学的决策支持。

1970 年，Bill Hillier 首次提出空间句法理论，该理论指出：人们可以通过直觉在环境中获得空间的关系，并将这种关系称为"组构"，这也是空间句法的核心概念。之后 Bill Hillier 于 1984 年在《空间的社会逻辑》中系统地阐述了空间句法理论，又于《空间是机器》一书中以空间句法对空间、城市形态和建筑形态三者之间的关系进行了探讨。

空间句法将人在空间的活动，通过对偶方法转化为具有拓扑关系的图示。通过绘制轴线图，建立拓扑关系，然后计算相关指标来获得空间句法中的程度、集成度和选择度三个指标，进而分析建筑或城市空间中的向心性。

我国学者对空间句法理论也有较多的研究。如张大玉等利用空间句法构建的模型，对北京市展览路街道的公共空间进行评价，并形成评价体系，筛选出具有潜力的空间，结合居民需求提出相应的改善策略[74]。刘承良等将空间句法与GIS结合，对武汉市的道路网通达性演变进行了分析，发现城乡道路网表现出周期性的空间变化，并认为该现象是道路网自组织生长以及道路扩张和细分导致的[75]。

随着空间句法理论研究的深入和广泛应用，该方法的局限性也逐渐凸显。空间句法无法将现实空间中的心理、距离和速度等因素考虑进去。如服务点的吸引力、出行者对空间的熟悉程度也会对可达性造成影响，且路径选择不一定靠直视来判断。为了使空间句法能够在城市空间中更好应用，主要出现了4种方法：确定唯一轴线图、米制道路分段法、角度加权法和对偶拓扑的改进。

3.1.2 基于空间网络的可达性量化分析方法

（1）地理信息系统（GIS）空间网络分析

GIS是一种用于收集、存储、管理、分析和展示地理数据的系统。在城市规划领域，GIS已经成为一种广泛应用的工具。城市规划者可以通过GIS对城市空间的各种数据进行管理和分析，如土地利用、道路交通、水资源、空气质量等，进而优化城市规划和决策制定。

利用GIS进行空间网络可达性分析的基本原理是建立一个空间网络模型，GIS技术可以将空间网络分析转换为数字地图分析，进而实现空间网络的可达性分析。GIS技术主要涉及地图数据的收集、存储、管理和分析，包括地图数据的采集和处理，数据的清洗和整理，以及数据的可视化和分析等过程。GIS技术的发展，使得空间网络可达性分析不仅可以进行基础地图分析，而且可以进行更加复杂的网络分析，例如多路径分析、网络最短路径分析、网络缓冲区分析等。

GIS的可达性分析的研究方法主要包括两个方面：空间网络模型的建立和可达性分析方法的选择。在建立空间网络模型时，需要考虑网络中的节点、边、权值等因素，并确定网络拓扑结构。而在选择可达性分析方法时，则需要考虑网络的复杂程度、数据量、数据质量以及研究的目的等因素。常见的可达性分析方法包括邻近中心度分析、连通性分析、路径分析、缓冲区分析等。

随着互联网的发展，以及互联网地图开发公司所获得的数据的累计，为可达性的量化提供了新的方法[76]。互联网地图不仅提供了基础地图数据，而且支持许多应用程序，例如路线规划、位置搜索、地理编码和逆地理编码等功能。使用互联网地图的可达性分析与 GIS 网络分析方法相似，也需要结合 GIS 进行分析，但是相比于 GIS 建立城市道路网络模型，使用互联网地图能够更方便地获得大量数据以及降低建模工作量[77]。汪林等通过 GIS 平台，利用互联网地图数据，对地铁站的步行可达性进行定量分析，并提供可视化结果[78]。

(2) 互联网地图可达性分析

在基于互联网地图的可达性分析中，通常采用的工具包括谷歌地图 API、Mapbox、百度地图开放平台和高德地图开放平台等。这些工具可以通过简单的 API 调用，获取到交通网络、道路等信息，以及不同地点之间的距离和通行时间等数据。在获取到这些数据后，可以使用网络分析算法，计算出到达不同目的地所需的时间和成本。

尽管基于互联网地图的可达性分析在城市规划和交通出行领域具有重要的应用价值，但也存在一些局限性。比如，基于互联网地图的可达性分析需要依赖于互联网地图提供的数据，如果数据不准确或不全面，会影响可达性分析的准确性。

目前使用互联网地图进行可达性分析的研究正在迅速发展。唐清等根据互联网地图提供的路径规划服务，对广州市轨道交通站域周边慢行接驳方式所需要的时间进行了计算，结果表明：中心城区的站点接驳可达性高于外围站点[79]。朱涛等使用互联网地图算法和地理空间计算相结合的方法，对居民日常出行的时空路径进行模拟，并提出了优化建议[80]。陈杰等利用百度地图 API 规划出由居民点到设施点的最佳出行路线，以最近时间作为可达性指标，对大同市市区的医院时空可达性进行了研究[81]。

3.2 轨道交通站域可达性度量方法

可达性应用的领域较为广泛，并根据研究对象的不同对可达性有不同的定义，因此产生了多种可达性的度量方法。主要方法有距离法、拓扑法、重力模型法、累积机会法等。

3.2.1 基于出行成本的可达性量化分析方法

（1）距离法

距离法作为应用较为广泛和直观的方法，是以出行成本对可达性进行量化计算的，其概念较为广泛，具体方法包括对出行的空间距离、时间成本以及出行经济成本等的计算评估。

对于出行的空间距离和时间成本量化方面的研究较多，主要将步行时间、骑行时间、驾车时间、公共交通时间和综合交通时间作为可达性的度量指标。在轨道交通可达性研究方面，主要集中于将步行、骑行、公共交通时间和综合交通时间作为可达性的度量，根据研究对象的不同可以选择不同的度量指标。相关研究大致分为两种，以衡量站点的可达性。

第一种方法为基于站点划分缓冲区[82]。缓冲区可根据一定距离进行直线划分，也可根据限定时间内出行范围进行划分[83]，如图3-3所示。

第二种方法为基于城市交通网络分析法划定缓冲区。即基于道路路网、出行速度和出行时间对站点的可达范围进行划定，从而获得站点可达性的度量[84]，如图3-4所示。

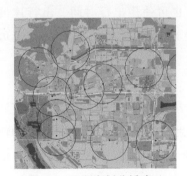
图 3-3 以距离划分缓冲区

图 3-4 以出行时间划分缓冲区

该方法的基础主要是对人的出行距离和时间阈值进行划分。在这两方面已经有了较为充分的讨论。许多学者对轨道交通出行阈值进行过讨论。王文红等通过数学模型对轨道交通周边接驳方式的选择进行了探讨，认为出行者在以轨道交通站点为目的地时，能够接受的步行距离阈值为 $660m$[85]。而张宁等在考虑出行时间、出行环境等因素的情况下，基于 Logit 模型对轨道交通站点周边的步行接驳范围进行探讨，结果表明 90% 的居民可接受的出行阈值为 $904m$[27]。Zielstra 等认为步行接驳轨道交通站点的距离为800m，按照0.85的分位步行距离计算则为起点750m，讫点695m[86]。

除了步行出行距离阈值外，还有对骑行出行距离阈值的探讨。骑行出行的方式可以提高出行者到轨道交通站点的出行效率，增加站点的服务范围，在一定程度上可以对可达性较低的站点进行优化。甘勇华通过对轨道交通换乘客流特征的研究，认为轨道交通站点的骑行接驳范围在3km以内[87]。况丽娟等以上海市轨道交通站点为研究对象，采用问卷调查的方法，对自行车接驳时间进行了探讨，认为自行车以及电动助力车或摩托车分别能将城市轨道交通车站的服务半径从1.1km扩大至3km及6km[88]。

基于距离阈值对可达性的度量会由于出行方式的改变而改变，且在一些研究中发现，出行者对于时间的敏感度要高于出行距离，所以以时间阈值对可达性的度量结果差异更小。Carrion等通过对GPS数据进行分析，认为当出行时间阈值超过某条路径的出行时间时，人将会选择其他路径[89]。此外，Di Xuan等的研究也认为只有在新路径的出行时间少于其他路径的时间时，新路径才会被人选择[90]。以上研究说明了出行时间对出行者选择出行路径的重要性。在对具体时间阈值的研究方面，杜彩军等通过调查各种交通方式与轨道交通的接驳特征，采用聚类分析，对北京市轨道交通接驳时间进行研究，结论认为出行者可接受的最大出行时间为15min[29]。另外，也可使用出行时间、出行速度结合城市交通网络分析，通过GIS或互联网地图进行评估分析，实现可视化[69]。

(2) 覆盖法

覆盖法是基于距离法演变而来的可达性度量方法，其核心思想是将目标区域按照交通可达性的级别进行划分，然后根据各级别的覆盖范围计算不同级别的覆盖面积。这样可以直观地显示出不同级别的交通可达性在目标区域内的分布情况，为交通规划和决策提供科学依据。

具体来说，覆盖法在交通可达性研究中的应用可以分为以下几个方面。

① 交通可达性分析：通过分析不同级别的交通可达性的覆盖面积，可以对目标区域的交通可达性进行量化评估，并可以针对不同的需求和目标，制定出不同级别的交通可达性指标。

② 交通规划：在进行交通规划时，可以利用覆盖法分析不同交通模式的覆盖面积，从而确定交通网络的布局、交通线路的走向和交通设施的选址等。

③ 环境评价：交通可达性的改善或者恶化对环境有着不同的影响，覆盖法

可以用于分析不同级别的交通可达性对环境的影响范围，从而进行环境评价和决策。

④ 地理信息服务：交通可达性分析结果可以以地图的形式呈现，成为地理信息服务的重要组成部分。这样公众可以通过地图直观地了解目标区域内不同级别的交通可达性，为公众出行提供指引。

3.2.2 基于空间形态的可达性量化分析方法

拓扑法是一种常用的数学分析方法，它通过对对象的空间形态结构进行抽象和理论化，可以应用于不同领域的研究。在可达性研究中基于网络拓扑结构，通过计算两点之间的网络距离来评估可达性。在拓扑法中，网络距离是指两点之间沿着网络路径所经过的边数或距离的和。

目前国内外使用拓扑法进行的可达性研究较为充足，主要集中于对城市复杂网络特性探讨，如小世界特性以及无标度特性[91]，另一种研究方向则是空间句法的应用[92]。

在城市交通可达性研究方面的应用主要体现在通过对城市空间中交通网络的拓扑结构进行分析，从而评估不同区域的交通可达性。首先将城市空间中的道路网络抽象为图来描述其拓扑结构，以边表示道路，以节点表示道路的交叉口或重要节点。然后，基于图的拓扑结构，可以运用拓扑法计算不同节点之间的距离、路径长度等指标，进而确定不同区域的交通可达性。

拓扑法可以通过计算节点的网络中心性指标来评估节点在网络中的重要性，从而确定交通网络中的重要节点和重要道路，进一步分析不同区域之间的交通联系情况。同时，通过计算节点的可达性指数来衡量不同区域之间的交通可达性，从而为城市规划和交通规划提供科学依据。

3.2.3 基于交互作用的可达性量化分析方法

（1）重力模型法

重力模型是一种用于描述地理空间交互作用的模型。该模型来源于万有引力定律，认为地理空间中的两个区域之间的交互作用与它们之间的距离成反比，并与这两个区域的人口规模成正比。因此，重力模型被广泛用于预测城市间或地区间的货物、服务或人口流动。

重力模型的数学形式通常被表示为

$$T_{ij}=\frac{k(M_iM_j)}{d_{ij}^a} \tag{3-1}$$

式中，T_{ij} 表示从区域 i 到区域 j 的交互作用强度；k 是常数；M_i 和 M_j 表示区域 i 和区域 j 的人口规模；d_{ij} 是这两个区域之间的距离；a 是一个指数，通常取值在 0～2 之间。

重力模型的应用广泛，它可以用于研究城市间的人口流动、货物流动等问题，也可以用于评估不同区域之间的联系和交互作用。重力模型的优点在于它简单易懂，具有较高的预测准确度，同时可以用于研究其他领域的交互作用问题。

（2）累积机会法

累积机会法是指在特定的出行成本之内，由此能够获得机会的数目，是一种用于分析人们在城市中获得服务和资源的方法，强调了人们所拥有的机会和他们所处的地理位置之间的关系。

其中，"机会"可以被定义为城市中的各种资源和服务，包括购物机会、就业机会、出行机会等。而地理位置可以被定义为人们所处的位置或者目的地。Wachs 等采用累积机会法，通过对洛杉矶的就业和医疗设施进行研究，讨论了就业和城市服务的可达性如何构成城市生活质量评价的重要组成部分，并介绍了居民获得就业和服务机会的便利性的度量方法[93]。Breheny 等提出了以空间机会衡量可达性的标准，并通过实际应用证明了该方法的可行性[94]。Mitchell 等采用累积机会法，以及对旅行数据调查研究，确认了出行乘车时间距离阈值[95]。

（3）两步移动搜索法

重力模型虽有站点供给能力和出行成本等因素，但缺乏对居民需求的考量；两步移动搜索法是基于重力模型和累积机会法改进而来的，从站点（供给方）和出行起点（需求方）分别进行搜索分析，可以用于衡量出行起点的轨道交通站点可达性，亦可识别出可达性的低值区[96]。

传统两步移动搜索法在距离阈值内无距离衰减地处理供给方与需求方之间的关系，超出阈值范围即不可达。在该方法发展过程中，不断有学者对其进行改进，加入了不同的阻抗函数，使其更加合理。其中主要函数分别是幂函数、指数函数和高斯函数[97]。前两种函数因为在起点时下降较快，而高斯函数在阈值范围内的衰减更加符合现实，表现略优[98,99]。

其主要步骤如下。

第一步：以供给点 j 为圆心，以出行极限距离 d_0 为半径建立搜索区域，获得其中所有需求单元数据，并对需求单元数据进行求和，从而得到区域内需求方总需求量数据。再利用高斯函数进行阈值衰减，计算供需比 R_j，具体计算方法如下。

$$R_j = \frac{S_j}{\sum_{k \in (d_{kj} \leqslant d_0)} G(d_{ij})D_k} \tag{3-2}$$

式中，D_k 为每个需求单元总需求量；d_{kj} 为需求点 i 与供应点 j 之间出行距离成本，需求点 k 在阈值范围内部（即 $d_{kj} \leqslant d_0$）；S_j 为供给点 j 的供给量；$G(d_{ij})$ 为考虑时间衰减的高斯函数，具体表达式为

$$G(d_{ij}) = \frac{e^{-\frac{1}{2} \times \left(\frac{d_{ij}}{d_0}\right)^2} - e^{-\frac{1}{2}}}{1 - e^{-\frac{1}{2}}} \quad (d_{ij} < d_0) \tag{3-3}$$

第二步：以需求点 i 为中心，以前往供给点出行极限距离 d_0 为半径，建立搜索区域，搜索其中所有供给点 j，将这些供给点的供需比 R_j 求和，得到需求点位置 i 基于距离成本的供给点可达性 A_i。其值越大，表明在距离阈值范围内供给点空间可达性越高；反之则可达性低。具体计算方法如下。

$$A_i = \sum_{j \in (d_{ij} \leqslant d_0)} G(d_{ij})R_j \tag{3-4}$$

3.2.4 适用方法探讨

在上述提到的可达性度量方法中，覆盖法以服务范围作为标准，相比于其他方法更为直观，且较为方便地探究可达性与影响因素在空间分异特征之间的关系[100,101]。另外，综合了累积机会法和重力模型法特点的两步移动搜索法，是从供需角度对可达性进行定量分析，更符合对社会公平目标的要求。

因此本书重点研究采用这两种可达性度量方法。以覆盖法获取北京市轨道交通站域范围，以两步移动搜索法对北京市轨道交通站域进行可达性的定量分析，并且建立北京市轨道交通站域可达性空间特征模型，以分析其空间特征。通过两种方法的组合使用，对北京市轨道交通站域可达性进行探究。

3.3 可达性与空间特征关系分析方法

3.3.1 相关性分析

(1) Pearson 相关性分析

相关性分析是指研究两个或多个变量之间的关系的一种方法，它是统计学中重要的分析工具之一。通过相关性分析，可以了解变量之间是否存在相关性以及相关性的强度和方向。通常，相关性分析的结果用相关系数来表示，常见的相关系数有 Pearson 相关系数、Spearman 等级相关系数和判定系数等。

Pearson 相关系数是最常用的相关系数之一，它可以描述两个连续变量之间的线性关系。Pearson 相关系数的取值范围为 $-1\sim1$，如果相关系数接近 1，则说明两个变量之间存在较强的正相关性，如果相关系数接近 -1，则说明两个变量之间存在较强的负相关性，如果相关系数接近 0，则说明两个变量之间不存在线性相关性。

Spearman 等级相关系数则是一种非参数相关系数，它用于描述两个变量之间的关系，而不考虑这些变量的具体值。Spearman 等级相关系数的取值范围也是 $-1\sim1$，其计算方法是将每个变量的值转化为排名，然后计算排名之间的相关性。

相关系数是用于描述因变量的变异中可以通过自变量解释的比例。判定系数的取值范围为 $0\sim1$，越接近 1 则说明自变量对因变量的解释程度越高，如表 3-1 所示。

表 3-1 相关系数与相关程度

相关系数	$\rho=0$	$\lvert\rho\rvert<0.3$	$0.3<\lvert\rho\rvert<0.5$	$0.5<\lvert\rho\rvert<0.8$	$\lvert\rho\rvert>0.8$	$\lvert\rho\rvert=1$
相关程度	不相关	微弱相关	弱相关	显著相关	强相关	完全相关

研究需要对不同空间特征因子与可达性进行对比分析，利用 Pearson 相关系数将轨道交通站域可达性与 11 个空间特征因子进行分析，量化研究不同空间特征因子与可达性之间的相关程度。具体计算公式如下：

$$\rho_{x,y} = \frac{\Sigma(X-\bar{X})(Y-\bar{Y})}{\sqrt{\Sigma(X-\bar{X})^2 + \Sigma(Y-\bar{Y})^2}} \tag{3-5}$$

式中，X 和 Y 为自变量和因变量的值；$\rho_{x,y}$ 为相关系数。当 $\rho_{x,y}$ 值越接近 0 时，表明两个变量的相关性越低。正负号表示相关的正负方向，绝对值为相关程度。$\bar{X}$ 和 $\bar{Y}$ 代表 X 和 Y 的平均值。

（2）随机森林回归模型

随机森林回归是一种集成机器学习算法，可以解释多个自变量对因变量的作用，可以更好地解释变量之间的关系[102]。随机森林回归的基本思想是通过训练多个决策树，对输入数据进行预测。每个决策树对输出结果进行独立的预测，然后通过取平均值或加权平均值来计算最终的输出结果，过程如图 3-5 所示。

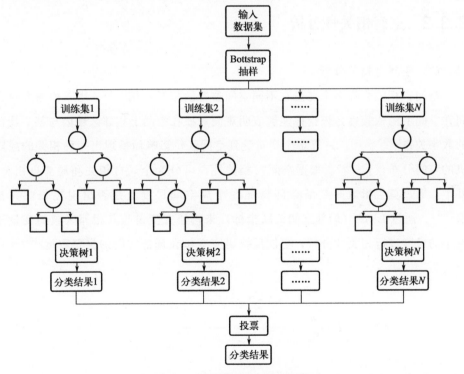

图 3-5　随机森林回归流程示意

随机森林回归相比于其他传统相关性分析的方式有较多优点。

① 高鲁棒性：随机森林回归能够处理高维度和多重共线性的数据，不容易受到异常值和噪声的影响。

② 非参数性：随机森林回归是一种非参数模型，不需要假设数据分布的具

体形式，而且可以适应各种类型的数据。

③ 高准确性：随机森林回归能够通过集成多个决策树模型的预测结果来提高预测准确性，同时能够减少过拟合的风险。

④ 特征自动选择：随机森林回归能够通过计算特征的重要性来进行特征选择，能够从大量的特征中自动选择出重要的特征，提高模型的解释性和泛化性能。

⑤ 高可解释性：随机森林回归能够通过计算每个特征的重要性来解释模型的预测结果，能够提供对预测结果的直观理解[103]。

在构建随机森林时，每个决策树都是由随机选择的训练样本和随机选择的特征组成的。这种随机性可以减少模型的方差，并使随机森林具有较好的泛化能力，因此本书通过随机森林对变量进行显著性分析。

3.3.2 空间相关性分析

（1）空间自相关分析

空间自相关是指多个变量在不同空间位置的相互作用[104]，用于检测变量之间在空间上的依赖性。该指标能够表明观测对象在空间上相邻区域内与某一特征的数字关系[105]，用以计算多个变量受到空间区位影响而呈现出一种相关的或随机的空间分布模式[106]。根据空间自相关性，可分为全局自相关和局部自相关。其中，通过莫兰指数来判断空间特征在全局空间尺度上是否出现集聚或异常值[107]。通过LISA（局部空间关联指标）来将研究变量与其相邻区域的变量于更小的尺度进行相关性分析，更能反映研究变量在局部空间的集聚程度[108,109]。公式为

$$I = \frac{n}{S_0} \times \frac{\sum_{i=1}^{n}\sum_{j=1}^{n}w_{ij}(y_i - \bar{y})(y_j - \bar{y})}{\sum_{i=1}^{n}(y_i - \bar{y})^2} \quad (3-6)$$

式中，$S_0 = \sum_{i=1}^{n}\sum_{j=1}^{n}w_{ij}$；$n$ 为研究对象数量；y_i 和 y_j 为第 i 个研究对象和第 j 个研究对象的值；$\bar{y}$ 为所有研究对象值的均值；w_{ij} 为空间权重值。

（2）地理加权回归模型

地理加权回归（geographically weighted regression，GWR）是一种基于空间自相关性的回归分析方法[110]，其基本思想是在传统线性回归模型的基础上加入空

间权重矩阵，考虑自变量和因变量之间在空间上的相关性[111]。这个权重矩阵通常是基于地理位置信息和距离计算出来的，可以用于描述样本之间的空间依赖性。

地理加权回归可用于处理空间数据中存在的空间自相关问题。在传统的线性回归模型中，自变量与因变量之间的关系是独立的，不考虑空间相关性[112]。而地理加权回归则考虑了样本之间的空间关系，使得回归系数的估计更加准确和可靠。在空间分析和空间预测中，地理加权回归被广泛应用。其公式为

$$y_i = \beta_0(u_i, v_i) + \sum_{k=1}^{m} \beta_k(u_i, v_i) x_{ik} + \varepsilon_i \quad (3-7)$$

式中，y_i 为处于位置 i 的因变量值；x_{ik} 为处于位置 i 的自变量值；(u_i, v_i) 为 i 的坐标；$\beta_0(u_i, v_i)$ 为截距项；$\beta_k(u_i, v_i)$ 为回归分析系数；ε_i 为随机误差。

关于地理加权回归模型的应用较为成熟。Gao 等基于地理加权回归模型捕捉建成环境和地铁客流之间的关系，并结合不同时间的建模结果分析建成环境效应的时间变化[113]。Pan 等利用太湖流域的降水数据，将地理加权回归方法与其他方法结合，建立太湖流域降水估算模型，提高了降水的分辨率和预测精度[114]。Wei 等使用地理加权回归的方法，结合多源数据，对现有指数进行整合，对干旱的时空分布特征和变化进行了科学评价[115]。Shen 等利用地理加权回归模型和随机森林算法建立了包含空间变化关系的欧洲土地利用回归模型，以此对 2000~2019 年欧洲范围内空气污染进行建模评估[116]。Yu 等使用地理加权回归模型分析了北京市的地面沉降的影响因素[117]。此外，经典的地理加权回归模型还应用于公共卫生领域[118,119] 和生态保护领域[120~123]。

（3）多元地理加权回归模型

多元地理加权回归（multiscale geographically weighted regression，MGWR）是一种在空间数据分析中应用广泛的回归方法[124]。与传统的普通最小二乘回归（OLS）和地理加权回归（GWR）相比，MGWR 在模型拟合中考虑了空间数据的多尺度性质，使得回归模型能够更准确地捕捉到空间数据的空间异质性和非线性关系[125]。MGWR 通过在空间上对观测点进行分组，并在每个组内应用一个不同的权重函数，实现了对不同尺度空间异质性的建模。在 MGWR 中，权重函数可以根据空间邻域的大小和形状，以及变量之间的关系来进行自适应的调整，从而更好地拟合数据的空间异质性和非线性关系[126]。MGWR 的公式为

$$y_i = \sum_{j=1}^{k} \beta_{bwj}(u_i, v_i) x_{ij} + \varepsilon_i \quad (3-8)$$

式中，x_{ij} 是第 j 个预测变量；(u_i, v_i) 是各个站点的坐标；β_{bwj} 是第 j 个变量回归系数的带宽。

多元地理加权回归在解释因子之间的关系时，能够考虑不同影响因子的不同的影响程度，目前也已经有较多的相关研究应用。Hu 等使用多尺度地理加权回归模型探究了南京市的城市景观格局对生物环境质量的时空驱动机制[127]。Cao 等通过 MGWR 探究了地理位置、建筑面积比和公共交通等因素对上海大都市承载力的影响[128]。Zhang 等以南京市为研究对象，使用多尺度地理加权回归探讨了住宅租金分布的特征，并研究了住宅租金的影响因素[129]。Yu 等基于多维视角，对 2011~2018 年的中国城市的城市韧性特征进行分析，并运用 MGWR 模型探讨了城市韧性发展的影响因素[130]。

本书采用 MGWR2.2（Arizona State University，美国）对模型进行回归分析，并结合 ArcGIS 完成数据可视化。

(4) 冷热点分析模型

冷热点分析（hotspot analysis）是一种地理空间分析方法，用于识别数据集中具有显著高（热点）或低（冷点）值的区域。它可以帮助人们快速发现数据中的空间模式，识别出空间集聚或分散的区域，找出数据集中的异常值[131]。

为了分析轨道交通站域可达性的空间分布特征，本书使用空间自相关工具来研究资源分布。具体计算方法如下。

$$G_i^* = \frac{\sum_{i=1}^{n} w_{ij} - \bar{x} \sum_{j}^{n} w_{ij}}{S \sqrt{\frac{n \sum_{j}^{n} w_{ij}^2 - \left(\sum_{j=1}^{n} w_{ij}\right)^2}{n-1}}} \tag{3-9}$$

$$\bar{X} = \frac{\sum_{i=1}^{n} x_i}{n} \tag{3-10}$$

$$S = \sqrt{\frac{\sum_{j}^{n} x_j^2}{n} - (\bar{x})^2} \tag{3-11}$$

式中，x_i 和 x_j 是特征 i 和 j 的属性值；w_{ij} 是特征 i 和特征 j 之间的空间权重；n 是数据集中特征的数量。

当一个元素的 G_i^* 的统计量高于数学预期并通过假设检验时，这是一个热点；反之则是一个冷点。

3.4 本章小结

本章主要介绍了可达性的度量方法以及相关性分析的计算方法，其中包括图论法、空间句法、距离法、覆盖法、两步移动搜索法等可达性度量方法，以及相关性回归中的地理加权回归方法和空间自相关分析方法。最终选择了覆盖法和两步移动搜索法以及空间自相关、多尺度地理加权回归等作为研究方法。

相关性回归分析是一种常用的统计方法，可以探究不同变量之间的相关性及其强度，常见的方法有线性回归和地理加权回归。地理加权回归是一种针对空间数据特征的回归分析方法，能够考虑空间位置的因素对回归分析结果的影响。在空间自相关分析中，通过计算 Moran's I 指数或 LISA 局部空间自相关指数，可以揭示数据在全局或局部空间尺度上的相关性，进而对数据的分布特征进行解释和预测。

多尺度地理加权回归是一种考虑多个空间尺度因素的地理加权回归方法，能够更好地探究多种因素对空间数据的影响。冷热点分析则是一种用于探究数据空间集聚情况的方法，可以通过计算标准差、z-score 等指标，识别出空间中的冷热点分布规律。

通过比较分析，最终选择覆盖法和两步移动搜索法作为可达性度量方法，选择空间自相关和多尺度地理加权回归作为相关性分析方法。可以有效探究研究对象在不同空间尺度上的可达性分布规律，以及不同因素对可达性的影响程度和空间分布情况。这些方法的综合运用可以为轨道交通站域可达性的空间分布特征以及影响机制的研究提供数学分析基础。

第4章
北京市轨道交通站域可达性评估

4.1 轨道交通站域范围现状分析

本书以北京市为研究对象,获取北京市轨道交通站域的步行 15min 范围作为轨道交通站域范围。主要分析东城区、西城区、海淀区、朝阳区、石景山区和丰台区共 6 个区的轨道交通站域范围现状。首先通过天地图网站,使用审图号为京 S(2016)023 的地图制作矢量地图,获取北京市各区行政边界;其次利用高德地图开放平台获取北京市轨道交通站点的分布情况;最后以《城市轨道沿线地区规划设计导则》中对轨道影响区的规定,即指距离站点步行 15min 以内可到达站点的地区要求为阈值,利用 Python 工具,通过高德地图提供的路径规划服务,分别批量获取位于各站点周围步行 15min 可到达的点位,从而形成各站点可达范围即轨道交通站域。由于在使用路径规划服务时与导航服务相结合,也考虑到路况和相关的立体交通,因此使用此方法获得的可达范围,更加趋近于现实生活环境[69]。

4.1.1 站域范围获取

以北京市轨道交通站点现状为例,计算时间成本为 15min,获得各站点周边步行15min可达的范围,分析站点分布特点和存在的问题。具体流程如下。

通过高德开放平台提供的POI查询服务,利用Python批量获取北京市轨道交通站点位置信息,其中包括站名和具体坐标,并对坐标数据进行处理,便于研究使用。

① 使用随机发生器,分别在每个站点周围建立点阵,出行方式为步行时半径取1500m,并获取点阵所有点的坐标。

② 以站点为起点,以点阵中各点为终点,通过高德地图路径规划服务,规划路径时间和步行动作等数据。

③ 筛选其中时间小于900s的点位,将最外围点位连接成多边形,即为该站点步行15min可达范围。

4.1.2 站域范围评估结果

对上述研究区域各轨道交通站点进行了测试。如图4-1所示为各轨道交通站点步行15min可达范围。其中北京市各轨道交通站点15min可达范围共626.55km^2,约占全市总面积的3.82%。

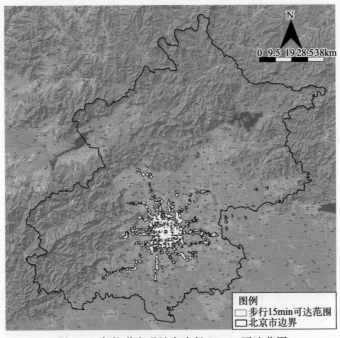

图4-1 各轨道交通站点步行15min可达范围

以公共交通为导向的开发所确定的半径为 800m，因此再次以轨道交通站点为圆心，以 800m 为半径建立缓冲区，结果如图 4-2 所示。该方法获得轨道交通站点服务覆盖范围为 699.52km^2，其中步行 15min 可达范围 687.64km^2，占比为 98.30%。步行可达范围最大的 3 个站点分别是虎坊桥地铁站、菜市口地铁站和东四地铁站。最小的 3 个站点分别是白盆窑地铁站、麦庄地铁站和清河站地铁站，如表 4-1 所示。

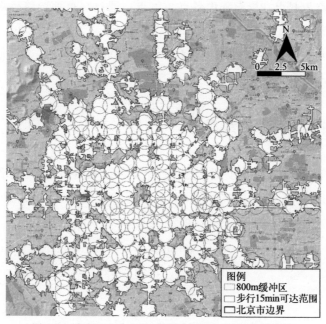

图 4-2　步行 15min 可达范围与 800m 开发范围比较

表 4-1　北京市轨道交通可达范围最大和最小站点

站点名称	步行 15min 可达范围/km^2	占 800m 开发范围比例/%
虎坊桥	3.39	100.00
菜市口	3.34	100.00
东四	3.29	100.00
白盆窑	0.48	24.08
麦庄	0.26	12.82
清河站	0.24	11.89

为进一步探讨北京市轨道交通站域现状，将骑行 15min 可达范围与步行 15min 可达范围进行比较分析。

重复操作 4.1.1 小节的等时圈获取步骤，将点阵半径取 5000m，将出行方式改为骑行，获取站点骑行 15min 可达范围（图 4-3）。

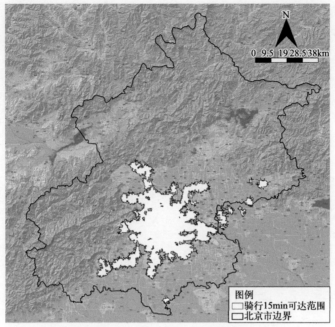

图 4-3 骑行 15min 可达范围

骑行可达范围为 1875.63km^2，约占全市总面积的 11.43%。总体来看全市轨道交通站点步行可达性较低，通过骑行方式出行可以提高轨道交通站点的可达范围。

4.1.3 站域范围综合分析

为了探索采用骑行出行方式对城六区轨道交通站点可达范围的影响，对 6 个区分别计算步行 15min 和骑行 15min 可达范围（图 4-4），并对相关数据进行分析（图 4-5 和表 4-2）。

(a) 西城区站域可达范围

(b) 东城区站域可达范围

图 4-4

(c) 朝阳区站域可达范围

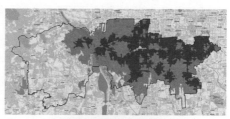
(d) 丰台区站域可达范围

(e) 海淀区站域可达范围

(f) 石景山区站域可达范围

■ 步行15min范围
■ 骑行15min范围
□ 边界

图 4-4 各区可达范围可视化

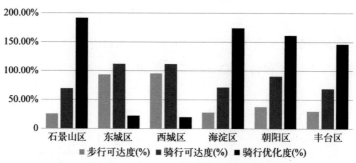

图 4-5 各区可达范围分析比较

表 4-2 各区站点 15min 步行和骑行覆盖面积

行政区	行政区面积/km²	地铁站点步行 15min 覆盖面积/km²	地铁站点骑行 15min 覆盖面积/km²
石景山区	85.14	19.38	52.36
东城区	42.00	35.08	42.00

续表

行政区	行政区面积/km²	地铁站点步行15min覆盖面积/km²	地铁站点骑行15min覆盖面积/km²
西城区	50.52	42.90	50.52
海淀区	430.45	107.34	273.65
朝阳区	464.49	154.04	375.18
丰台区	303.32	81.09	186.53

① 步行、骑行15min覆盖面积与行政区面积的比值为步行、骑行15min可达度。

② 为体现不同出行方式对站域可达范围在不同区域的影响，引入骑行优化度的概念。骑行15min可达范围减去步行15min可达范围，与步行15min可达范围的比值结果视为骑行优化度。

结果表明，轨道交通站点步行15min可达范围由高到低排布为西城区、东城区、朝阳区、丰台区、海淀区、石景山区。而骑行15min可达范围，海淀区要高于丰台区。

对于东城区和西城区，采用骑行出行方式对站点的可达范围提高不明显。对于石景山区、海淀区、朝阳区和丰台区，采用骑行出行方式可以大大提高轨道交通站点可达范围，其中提高程度最高的是石景山区。由此可见，轨道交通和骑行出行的方式在轨道交通发展不太成熟的地区能够对轨道交通站点的可达范围有较为显著的提高。但是对轨道交通发展成熟的地区来说，影响较小。

4.2 轨道交通站域可达性评估

4.2.1 评估方法改进

时间作为出行过程中最基本的阻抗因素，相比于距离因素更能体现可达性本质，因此本书以时间成本代替距离成本作为计算阈值[84]。在时间成本计算方面，高德地图提供的路径规划服务能够考虑路况等其他道路因素，相比于利用GIS路网分析和OD矩阵更符合居民日常出行的真实状况，计算更为准确。因此在具体研究中采用高斯两步移动搜索法,并以高德路径规划所返回的时间作为出行成本,建立轨道交通站点可达性评估模型,并引入高斯函数作为衰减函数,主要分为以下三个步骤。

第一步:以轨道交通站点位置(供给点 j)为圆心,以居民前往站点极限时间 t_0 为半径建立搜索区域,搜索其中所有需求单元数据,并对需求单元数据进行求和,从而得到区域内需求方总人口数据,出行时间来源于高德地图开放平台提供的路径规划服务。并利用高斯函数进行阈值衰减,计算供需比 R_j,具体计算方法如下。

$$R_j = \frac{S_j}{\sum_{k \in (t_{kj} \leqslant t_0)} G(t_{ij}) D_k} \quad (4-1)$$

式中,D_k 是每个需求人口单元的人口数;t_{kj} 为需求点 k 与供应点 j 之间时间成本,单位为 s,需求点 k 在阈值范围内部(即 $t_{kj} \leqslant t_0$);S_j 为轨道交通站点即供给点 j 的供给量,本书以轨道交通站点承载力作为供给量;$G(t_{ij})$ 为考虑时间衰减的高斯函数,具体表达式为

$$G(t_{ij}) = \frac{e^{-\frac{1}{2} \times \left(\frac{t_{ij}}{t_0}\right)^2} - e^{-\frac{1}{2}}}{1 - e^{-\frac{1}{2}}} \quad (t_{ij} < t_0) \quad (4-2)$$

第二步:以任一人口单元位置为需求点 i,以前往轨道交通站点极限时间 t_0 为半径,建立搜索区域,搜索其中所有轨道交通站点即供给点 j,将这些轨道交通站点供需比 R_j 求和,得到居民点位置 i 基于时间成本的轨道交通站点可达性 A_i,其值越大,表明在时间阈值范围内轨道交通站点空间可达性越高,反之则可达性低。具体计算方法如下。

$$A_i = \sum_{j \in (t_i \leqslant t_0)} G(t_{ij}) R_j \quad (4-3)$$

第三步:将所得可达性计算结果以轨道交通站域为单位进行汇总,并求取各轨道交通站域需求单元可达性方差,并进行逆向化处理,以量化轨道交通站域的可达性。方差越小表明该站域内需求单元可达性离散程度越低,站域可达性越高。为便于计算,对该指标进行逆向化处理,逆向化的目的是对逆向指标正向且量纲化。计算过程如下。

$$S_j^2 = \frac{\sum_{i=1}^{n}(\bar{A}_n - A_i)}{n} \quad (4-4)$$

式中，S_j^2 代表的是第 j 个轨道交通站域内需求单元可达性方差；$\bar{A}_n$ 表示该站域内需求单元可达性的平均值；A_i 表示站域内第 i 个需求单元的可达性；n 表示第 j 个轨道交通站域内需求单元总数。

$$E_j = \frac{S_{\max}^2 - S_j^2}{S_{\max}^2 - S_{\min}^2} \tag{4-5}$$

式中，E_j 表示第 j 个轨道交通站域可达性；$S_{\max}^2$ 表示所有上一步所求最大结果；$S_{\min}^2$ 表示所有上一步所求最小结果。

4.2.2 相关数据的获取与计算

（1）供给能力计算

本书供给点数据采用于 2021 年 5 月爬取的高德地图 API 中地铁站点 POI 位置。供给量采用轨道交通站点承载力来表示。选取站点出入口数量[132]、站点服务方向数[133~135] 以及站点经过线路数[136] 为指标评价承载力，具体站点承载力相关指标数据来源于北京地铁官方网站和现场调研。

其中，站点出入口数量越多，表明该站点对周边地块辐射能力越强，服务能力越高。站点服务方向数即为该站点线路方向之和，非换乘站点通常服务方向数为 2，换乘站点不同线路同一方向视为 1，站点服务方向数越多表明站点服务能力越强；站点经过线路数量即为该站点线路数量，如北京地铁 6 号线西黄村站为普通站点，站点经过线路仅有 6 号线一条，则数量计为 1。北京地铁公主坟站为 1 号线与 10 号线换乘站，站点经过线路有 1 号线与 10 号线，则数量计为 2。

为了体现指标之间的权重差异，本书采取 Critic 权重法进行赋权。

Critic 权重法旨在通过将变量与变量之间进行比对，评估其相关性，并赋予合理的权重。通过标准差的方式衡量不同指标之间的相对强度，可以清晰地反映出变量之间的差异。当标准差增大时，权重也会增加。基于上述原则，该 Critic 权重法能够根据指标本身属性进行客观评价。

在本书中，具体分为以下步骤。

第一步：假设对石景山区内 n 个轨道交通站点的 p 个评价指标形成原始指标数据矩阵。

$$\boldsymbol{X} = \begin{Bmatrix} x_{11} & \cdots & x_{1p} \\ \vdots & \ddots & \vdots \\ x_{n1} & \cdots & x_{np} \end{Bmatrix} \tag{4-6}$$

式中，x_{np} 表示第 n 个样本的第 p 个指标的数值。

第二步：进行无纲量化处理。这一步的目的是消除指标因为纲量不同对结果产生的影响。本书所采用的指标与评价样本的关系为正向，因此采用正向无纲量化处理。具体计算方法如下。

$$x'_{ij} = \frac{x_{ij} - x_{\min}}{x_{\max} - x_{\min}} \tag{4-7}$$

式中，$x_{\min}$ 表示指标中最小值；$x_{\max}$ 表示指标中最大值。

第三步：计算指标变异性。该属性采用标准差来表现，具体计算方法如下。

$$\begin{cases} \bar{x}_j = \dfrac{1}{n} \sum_{i=1}^{n} x_{ij} \\ S_j = \sqrt{\dfrac{\sum_{i=1}^{n} (x_{ij} - \bar{x}_j)^2}{n-1}} \end{cases} \tag{4-8}$$

式中，S_j 表示第 j 个指标的标准差。

在 Critic 权重法中，标准差越大表明该指标含有的信息量越大，则其权重应该越高。

第四步：计算指标之间冲突性。相关系数越小，冲突性越强，权重应该越高。具体计算方法如下。

$$R_j = \sum_{i=1}^{p} (1 - r_{ij}) \tag{4-9}$$

式中，r_{ij} 表示第 i 个指标与第 j 个指标之间的相关系数。

第五步：计算指标所含有的信息量。指标信息量越大，则表明该指标在整个评价体系中作用越大，权重应该越高。具体计算方法如下。

$$C_j = S_j \sum_{i=1}^{p} (1 - r_{ij}) = S_j R_j \tag{4-10}$$

式中，C_j 表示第 j 个指标所含有的信息量。

第六步：计算指标客观权重。具体计算方法如下。

$$W_j = \frac{C_j}{\sum_{j=1}^{p} C_j} \tag{4-11}$$

使用 Python 实现对指标的最终计算结果如表 4-3 所示。

表 4-3　承载力指标权重

项目	指标变异性	指标冲突性	信息量	权重/%
出入口数量	1.508	1.092	1.647	64.795
通过线路	0.509	0.604	0.308	12.105
服务方向	0.948	0.619	0.587	23.1

(2) 需求量计算

使用 GIS 中的渔网工具，构建边长为 200m 的网格渔网，作为需求方范围，以网格的质点作为需求方所在位置，本书称为需求点。并将修正后的 WorldPop 网站所提供的 2020 年 100m 分辨率的人口分布栅格数据赋值到渔网中，作为需求量，如图 4-6 所示。

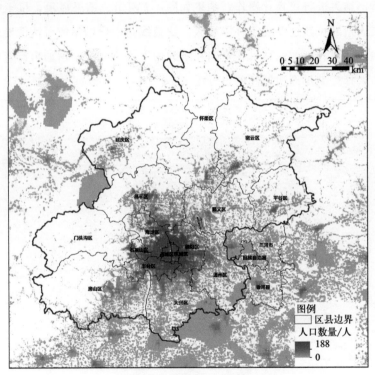

图 4-6　北京市人口分布

图片根据 WorldPop 网站人口分布数据绘制

(3) 出行时间获取

利用高德地图开放平台提供的路径规划 API 服务获取出行的真实数据（访问于 2022 年 4 月）。因为高德路径规划 API 在计算出行路径与出行时间的时候，考虑了地形和基础通行设施，例如山丘、坡道、天桥以及道路状况，所以经过路径规划获得的出行时间即为现实生活的出行时间。其中出行方式选择步行和骑行。首先，将需求单元点设置为出发点（O）地铁站点设置为终点（D），利用 Python 获取每个 OD 返回的出行时间，并且筛选其中少于 900s 的 OD 组合作为需求单元至地铁站点的时间。通过循环获取，从而获得每个供需点之间的出行时间。为了避免交通拥堵带来的出行时间误差，选择周末 10:30～16:00 作为爬取时间。

4.3 轨道交通站域可达性空间分布特征

将所得结果进行可视化操作，结果如图 4-7 所示。结果显示，位于中心城区的轨道交通站域可达性要高于外围城区。轨道线路中段的站域可达性要高于线路末端。因为距离较近的站域可在空间和承载力上进行互补，增加出行者对轨道交通站点的选择，满足周边居民的出行需求。

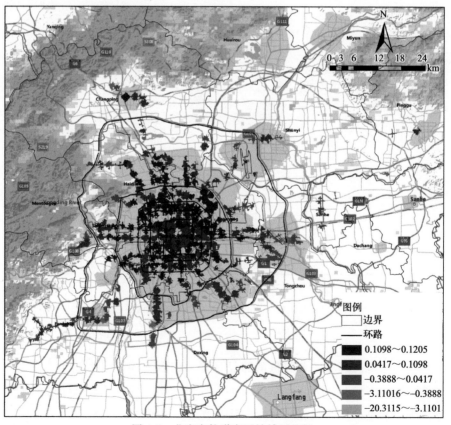

图 4-7　北京市轨道交通站域可达性

4.3.1 站域可达性冷热点分析

冷热点分析能够通过空间分布聚集程度将变量分为冷点与热点，可以初步判断变量是否具有空间聚类分布特征，亦可以很好地反映变量在局部空间区域的冷热点分布。

在ArcGIS中对站域可达性进行热点分析，结果如图4-8所示。生成了具有统计显著性的高可达性与低可达性的空间聚类，更加明显地表现出北京市轨道交通站域可达性中部高、末端低的分布特征，即四环以内轨道交通站域可达性明显高于其他地区，且五环周边轨道交通站域可达性呈现出可达性聚集程度较强的区域，主要集中在北五环和西五环区域。其中存在一处位于通州区的冷点聚集区，说明位于该区域轨道交通站域可达性均为较低值，也说明通州区作为北京市的副中心，目前轨道交通与人口的供需关系无法达到较高水平，建设仍需要加强。

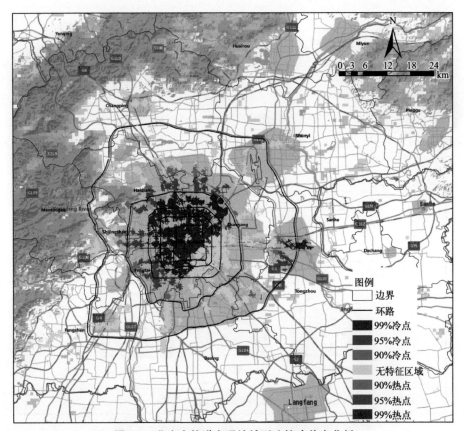

图4-8 北京市轨道交通站域可达性冷热点分析

4.3.2 站域可达性空间自相关分析

空间自相关表示多个变量在不同空间位置的相互作用。可以检测变量之间在空间上的依赖性,其指标表明观测对象在空间上相邻区域内与某一特征的数字关系,因为受到空间区位影响,多个变量之间不再是独立存在的,而是呈现出一种相关的并且随机的空间分布模式。全局相关性即能够表示空间特征在全局空间尺度是否出现集聚或异常值,局部相关性则更能反映空间特征在局部空间尺度的集聚程度。

北京市轨道交通站域可达性的空间自相关统计结果显示,数值全部通过1%相关性检验,且呈现显著聚集的空间聚类特征,结果如图4-9所示。说明北京市轨道交通站域可达性分布具有显著的聚集现象,即轨道交通站域可达性会影响到周边站域可达性。

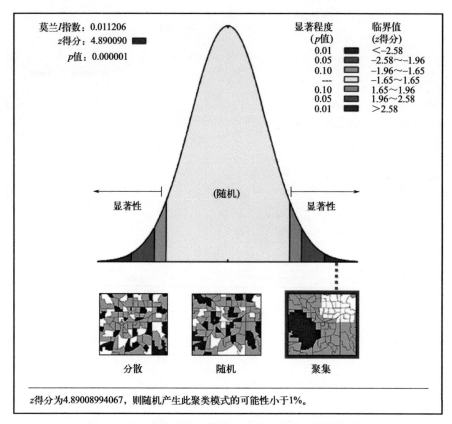

图4-9 北京市轨道交通站域可达性空间自相关分析结果

4.3.3 站域可达性空间聚类特征分析

北京市轨道交通站域可达性聚类分析如图4-10所示。北京市轨道交通站域可达性分布在空间上呈现出不均衡状态。出现了无特征聚类、高-高聚类、高-低聚类、低-高聚类和低-低聚类5种不同的聚类分布区域。整体上呈现出二环内部高，二环与三环之间低，三环至五环之间北部区域高于其他区域的特征。其中高-高聚类的空间聚集较为明显，共有285个站域存在该站域可达性高进而影响周边站域可达性同样高，占全部站域的65.37%，主要分布在四环内以及西五环与北五环之间，说明北京市轨道交通站域大部分可达性较高。其中低-低聚类共有20个，位于通州区及平谷区，仍然表现出通州区需要提高轨道交通服务能力，进而满足现在较高的人口对出行需求的现状。

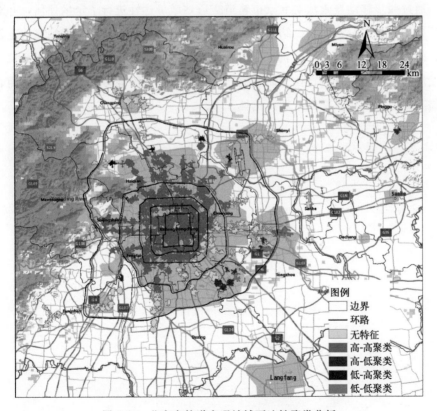

图4-10　北京市轨道交通站域可达性聚类分析

4.4 本章小结

本章对北京市轨道交通站域范围进行了划分及分析研究，认为对于东城区和西城区，采用骑行出行方式对站点的可达范围提高不明显。对于石景山区、海淀区、朝阳区和丰台区，采用骑行出行方式可以大大提高轨道交通站点可达范围，其中提高程度最高的是石景山区。由此可见，轨道交通和骑行出行的方式，在轨道交通发展不太成熟的地区能够对轨道交通站点的可达范围有较为显著的提高。但是对轨道交通发展成熟的地区来说，影响较小。在石景山区采用骑行方式可提高轨道交通影响范围和站域可达性。

通过两步移动搜索法对北京市轨道交通站域可达性进行了定量评估，并对其空间异质性进行分析研判。结果表明该方法可以适用于对轨道交通站点的定量分析。研究发现，通州区部分轨道交通站域可达性低于其他区域，因通州区轨道交通发展落后于人口发展，认为需要提高轨道交通的供给能力以实现供需平衡，进而提高该地区的轨道交通站域可达性。

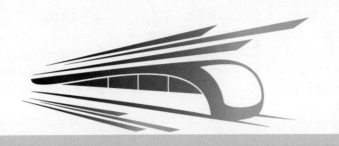

第 5 章

轨道交通站域可达性与空间特征关系研究

5.1 轨道交通站域空间特征筛选

5.1.1 站域空间特征选择

本书选取轨道交通站域的建成环境与社会环境两级空间特征作为一级指标,共有 11 个空间特征作为二级指标,分别进行分析。为在分析时减少误差,将所有指标进行归一化处理,如表 5-1 所示。

表 5-1 影响因素计算与统计

指标		计算方式	计算公式	公式符号含义
一级指标	二级指标			
建成环境	道路密度	各站域道路长度与可达面积比值	$D_{ri}=\dfrac{L_i}{S_i}$	D_{ri} 表示第 i 个站域的道路密度;L_i 表示第 i 个站域的道路总长度;S_i 表示第 i 个站域的可达面积

续表

指标		计算方式	计算公式	公式符号含义
一级指标	二级指标			
建成环境	建设用地占比	各站域建设用地与可达面积比值	$D_i = \dfrac{M_i}{S_i}$	D_i 表示第 i 个站域的建设用地占比；M_i 表示第 i 个站域的建设面积；S_i 表示第 i 个站域的可达面积
	功能混合度	各站域 POI 类型的香农多样性值	$H = -\sum\limits_{i=1}^{k} p_i \ln p_i$	H 为街区功能混合度；k 为该街区内 POI 类别数量；p_i 为该街区内第 i 类 POI 的数量与所在街区 POI 总数量比值
	功能密度	各站域 POI 数量与可达面积比值	$P_i = \dfrac{C_i}{S_i}$	P_i 表示第 i 个站域的 POI 功能密度；C_i 表示第 i 个站域内 POI 种类数量；S_i 表示第 i 个站域的可达面积
	与中心距离	各站点到天安门的直线距离	—	—
	文化休闲密度	文化休闲设施，包括体育休闲、风景名胜、购物服务、餐饮服务 POI，计算公式同功能密度	同功能密度	—
	公共服务密度	公共服务设施，包括政府机构及社会团体、科教文化服务、医疗保健服务、公共设施 POI，计算公式同功能密度	同功能密度	—
社会环境	人口密度	各站域人口数量与可达面积比值	$d_i = \dfrac{c_i}{S_i}$	d_i 表示第 i 个站域的人口密度；c_i 表示第 i 个站域内人口总数；S_i 表示第 i 个站域的可达面积
	住房价格	各站域住房价格均值	$V_i = \dfrac{s_i}{N_i}$	V_i 表示第 i 个站域住房价格；s_i 表示第 i 个站域内各个住宅小区房价均值之和；N_i 表示第 i 个站域的住宅小区数量

续表

指标		计算方式	计算公式	公式符号含义
一级指标	二级指标			
社会环境	商业中心性	商业POI数量核密度均值,包括购物服务、餐饮服务、摩托车服务、汽车服务、汽车维修、汽车销售POI	—	—
	居住中心性	居住POI数量核密度均值,包括商务住宅、住宿服务POI	—	—

5.1.2 站域空间特征空间自相关分析

首先对所选空间特征进行空间自相关分析,观察该因子是否存在空间异质性,所得结果如图5-1所示,结果表明选取的11个空间特征的数据在空间上具有较强的空间自相关性,从空间自相关指数上来看,其中住房价格、居住中心性和公共服务密度具有较强的聚类特征。而功能混合度和建设用地占比的聚类特征最弱,如表5-2所示。

表5-2 空间特征空间自相关结果

一级指标	二级指标	空间自相关指数	z	p
建成环境	道路密度	0.603446	15.146440	0.000001
	建设用地占比	0.261748	6.616168	0.000001
	功能混合度	0.308113	7.846358	0.000001
	功能密度	0.630314	15.830680	0.000001
	与中心距离	0.802362	20.18862	0.000001
	文化休闲密度	0.481734	12.140110	0.000001
	公共服务密度	0.721675	18.100900	0.000001
社会环境	人口密度	0.460865	11.571780	0.000001
	住房价格	0.810325	20.312610	0.000001
	商业中心性	0.508602	12.821050	0.000001
	居住中心性	0.772155	19.360690	0.000001

5.1.3 站域可达性与空间特征相关性分析

研究需要对不同空间特征进行对比分析,利用 Pearson 相关系数将轨道交通站域可达性的 11 个空间特征进行分类,量化研究不同空间特征之间的相关度,如图 5-1 所示。

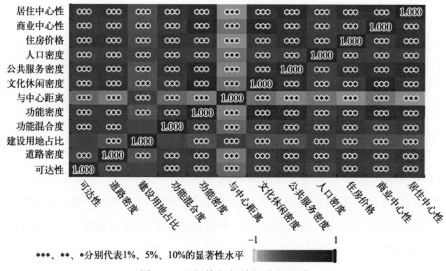

图 5-1 空间特征相关性分析矩阵

结果表明,住房价格、公共服务密度、居住中心性、功能混合度和功能密度与站域可达性呈现显著正相关,且 p 值较高。商业中心性、人口密度、文化休闲密度和道路密度与站域可达性的相关性呈显著正相关,但是 p 值较低。与中心距离和站域可达性呈现负相关,表明距离中心越远,站域可达性越低。而建设用地占比与站域可达性的相关性并不显著,未通过相关性检验。

5.1.4 站域可达性与空间特征随机森林回归分析

为进一步判断所选指标与站域可达性的相关程度,利用随机森林算法,对站域可达性和上一步筛选出的具有显著相关性 10 个空间特征进行回归分析,最终所得 $R^2=0.839$,说明回归模型具有较好的拟合效果。随机森林模型显著性结果如图 5-2 所示,其中住房价格、道路密度、与中心距离、公共服务密度与站域可达性相关程度更为显著；功能混合度、功能密度和居住中心性与站域可达性相关程度较为显著；文化休闲密度、人口密度和商业中心性与站域可达性相关程度微弱。

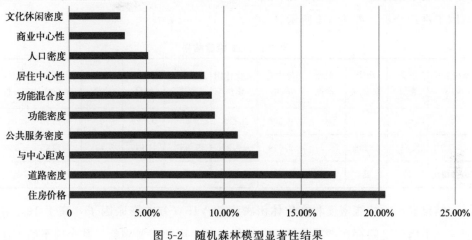

图 5-2　随机森林模型显著性结果

5.1.5　站域空间特征因子筛选结果

基于以上相关性分析和随机森林回归分析，根据结果数值，将 11 个空间特征因子分为显著促进因子、一般促进因子、微弱促进因子、无关因子、微弱抑制因子、一般抑制因子和显著抑制因子，以表现所选空间特征因子与站域可达性的相关程度，如表 5-3 所示。

表 5-3　影响因素分类

相关性结果分类		随机森林回归结果分类		
正负值分类	促进因子	显著促进因子	一般促进因子	微弱促进因子
		住房价格、道路密度、公共服务密度	功能密度、功能混合度、居住中心性	人口密度、商业中心性、文化休闲密度
	无关因子	建设用地占比		
	抑制因子	显著抑制因子	一般抑制因子	微弱抑制因子
		与中心距离	—	—

通过随机森林回归和相关性分析结果，表明共有 10 个变量与站域可达性有关，其中共有 7 个变量具有较高的相关程度，但无法排除空间特征因子之间的多重共线性关系。为减少空间特征因子之间的互相影响对结果造成偏差，需要对空间特征因子进行进一步筛选。采用最小二乘法（OLS）对站域可达性和 10 个影响因子进行分析，如表 5-4 所示。

表 5-4 VIF 检验结果

空间特征因子	道路密度	功能混合度	功能密度	与中心距离	文化休闲密度	公共服务密度	人口密度	住房价格	商业中心性	居住中心性
P	0	0	0	0.388	0.126	0	0.028	0	0.321	0.04
VIF	1.651	1.506	28.973	2.514	17.37	9.357	1.405	2.772	7.718	5.999
是否留用	是	是	否	是	否	是	是	是	是	是

结果显示，功能密度和文化休闲密度的 VIF（方差膨胀因子）高于 10，表明这 2 个因子之间存在严重的多重共线性问题，因此需要剔除。其余因子的 VIF 值小于 10 可保留。最终保留的空间特征因子为：道路密度、功能混合度、与中心距离、公共服务密度、人口密度、住房价格、商业中心性和居住中心性共 8 个指标。

5.2 模型构建与结果分析

5.2.1 可达性空间特征模型比较

通过上述检验筛选，最终剩余 8 个空间特征作为变量构建站域可达性空间特征模型。

为了选择最佳空间特征模型，依次对站域可达性和剩余因子进行最小二乘法（OLS）、地理加权回归（GWR）和多元地理加权回归（MGWR）分析。结果显示，三个模型的拟合度即 R^2 呈现递增的趋势，AICc 值呈现减少的趋势，且差额高于 3，说明 MGWR 模型与 GWR 模型相比具有明显的差异，如表 5-5 所示。

表 5-5　模型结果比较

模型名称	最小二乘法(OLS)	地理加权回归(GWR)	多元地理加权回归(MGWR)	
AICc	1055.757	501.000	390.701	
R^2	0.365	0.887	0.899	
带宽		128	道路密度	46
			功能混合度	135
			与中心距离	43
			公共服务密度	234
			人口密度	177
			住房价格	435
			商业中心性	435
			居住中心性	435

三个模型中多元地理加权回归模型最终的 R^2 值为 0.899，是整体拟合度最高的一组，表明该模型可解释北京轨道交通站域可达性的准确度为 89.9%。由此得出，通过最小二乘法构建的全局可达性模型没有考虑轨道交通站点的空间差异特征，存在一定的不足。地理加权回归模型虽然考虑了站点的空间差异特征，但是对影响因子采用统一的带宽进行分析，忽略了不同空间特征的差异性，则会造成一定误差。本次研究表明，多元地理加权回归在轨道交通站域可达性的空间特征模型构建上具有一定的优势。

5.2.2　结果分析与优化策略

将 MGWR 结果进行可视化分析，结果如图 5-3 所示。

① 功能混合度与轨道交通站域可达性相关程度最大，且呈现正向相关，即站域可达性越高，轨道交通站域功能混合度越高。在所有轨道交通站域中，功能混合度与轨道交通站域可达性的相关程度呈现出较为分散的特征。该因素与站域可达性之间的积极关系主要表现在位于东四环和东五环之间、西三环和西五环之间的站域。二环内部功能混合度对可达性的影响低于二环外部，这是由于二环内受到政策影响，功能发展受限，整体混合度低于三环周围，因此影响力较弱。

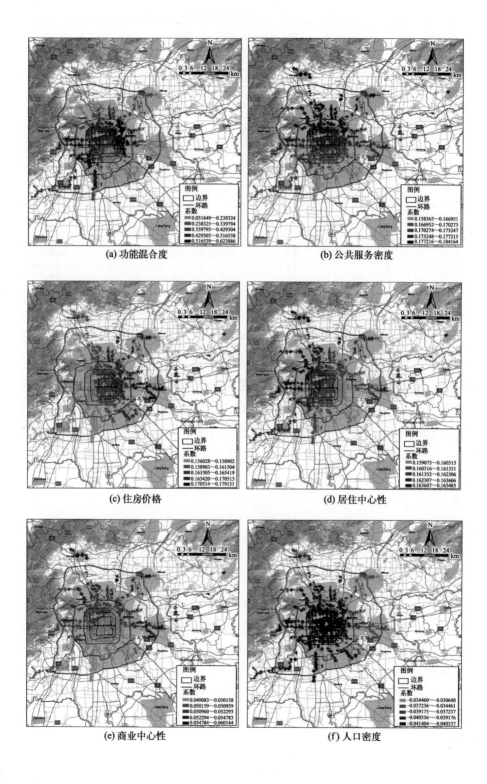

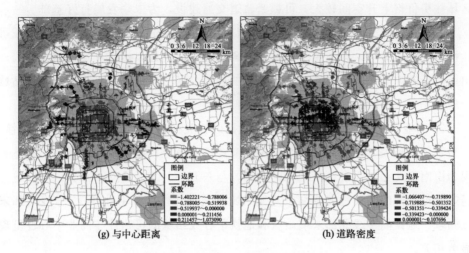

图 5-3 MGWR 模型结果分析

功能混合度对五环和六环之间的站域可达性相关程度也表现出明显的空间异质性，对位于以上两个区域的北京地铁 6 号线、地铁房山线、地铁 4 号线大兴线共三条线路轨道交通站域可达性的相关程度相比于其他线路更显著。因此该区域的站域可达性可通过提高功能混合度进行优化。

② 公共服务密度与轨道交通站域可达性的相关程度具有明显的空间异质性，且呈现正向相关，即轨道交通站域公共服务密度越高，站域可达性越高。表现出由南到北影响逐渐显著的趋势；公共服务密度与轨道交通站域可达性的相关程度仅次于功能混合度。在空间上呈现出明显的异质性。位于北三环外的轨道交通站域可达性与公共服务密度相关程度要高于其他站域。

其中昌平线、地铁 17 号线北段、地铁 15 号线以及在建的平谷线末端的公共服务密度与站域可达性具有较强的正向相关。该处站域可达性可通过提高公共服务密度进行优化。

③ 住房价格与站域可达性的相关程度整体具有明显的空间异质性，即轨道交通站域内住房价格越高，站域可达性越高。住房价格高的站域表明发展水平较高，基础设施较为完善，所以可达性较高。具体表现出由西向东影响逐渐显著的趋势。相关程度较高的站域集中于西六环附近，具体为地铁 15 号线、地铁 6 号线、地铁 1 号线/八通线和在建的平谷线东部末端站域可达性与住房价格的相关性较为显著。

相关程度较低的为西部区域，该类区域站域可达性较高，但房价较低，此类区域住房价格上升空间较大，可抓紧轨道交通建设，为未来发展打好基础。

④ 居住中心性对站域可达性的影响表现出明显的空间异质性，且对站域可达性呈现正向影响，即轨道交通站域距离居住中心越近，站域可达性越高。表现出由西南方向到东北方向影响逐渐显著的趋势。其中对地铁昌平线北部末端站域和地铁 16 号线末端站域表现出最为显著影响。

⑤ 商业中心性与轨道交通站域可达性的相关程度表现出明显的空间异质性，且呈现正向相关，即轨道交通站域距离商业中心越近，站域可达性越高。整体表现为由南至北相关程度逐渐增大的趋势，与东五环、北五环外两部分区域轨道交通站域可达性的相关程度要高于其他区域站域可达性。其中地铁 15 号线北部末端站域、地铁昌平线北部末端站域和地铁平谷线站域的可达性与商业中心性呈现显著相关。

⑥ 人口密度与站域可达性的相关程度表现出较弱的空间异质性，且表现出负向相关，即轨道交通站域范围内人口密度越高，站域可达性越低。人口密度与中心区域及西南区域的轨道交通站域可达性相关程度较为显著。与六环附近及以外区域的站域相关程度较低。

通州区作为北京城市副中心，轨道交通建设落后于人口发展，因此呈现出该结果。未来通州区轨道交通发展空间较大，需加大建设力度，缓解轨道交通不能满足需求的现状。

⑦ 与中心距离和站域可达性的相关程度表现出两极分化的特征。与中心距离和五环外轨道交通站域的可达性呈现正向相关，即距离中心越远，站域可达性越高。而和五环内的站域可达性呈现出负向相关，即距离中心越远，站域可达性越低。与中心距离对五环外部和中部区域的轨道站域可达性呈现显著相关。五环内发展水平较高，以二环为中心向外发展。而城市副中心和亦庄开发区位于五环外部，基础设施建设水平较高，可达性较高，因此呈现两极分化特征。

⑧ 道路密度与站域可达性的影响整体表现出负向相关，与房山线六环附近部分站域以及四环东南角附近站域可达性表现为正向相关。与长安街以北，四环路以内区域的站域可达性呈现较为显著的负向相关。

该结果与人口密度类似，以通州区为例，表明轨道交通发展落后于城市建设，因此需要加强轨道交通建设，以匹配城市发展速度。

5.3 本章小结

本章通过改进两步移动搜索法以及 MGWR 模型对北京市轨道交通站域可达性进行了研究。建立了 MGWR、OLS 和 GWR 模型并进行了比较。最终将 MGWR 模型所得结果进行分析，认为通过两步移动搜索法所得轨道交通站域可达性与模型拟合度较高，并且两步移动搜索法在一定程度上表现了轨道交通站域可达性和公平性，更能体现公共服务设施和区域均衡发展的基本要求。

本章以北京市轨道交通站域为研究对象，以 15min 步行范围作为站域范围，以两步移动搜索法作为可达性量化结果，考察了北京市轨道交通站域可达性不均衡分布的现状及其空间特征与可达性之间的关系。

从高德地图开放平台获取了北京市轨道交通站点数据，并利用高德地图 API 提供的路径规划服务计算了站域可达性。采用 Getis-Ord Gi* 的方法分析北京市轨道交通站域可达性总体分布特征，确定了高可达性地区和低可达性地区。

为了探索轨道交通站域可达性的空间特征，本书获得了多源数据，共构建了 11 个指标，并使用随机森林模型来识别特征重要性。利用所筛选出的 8 个空间特征，应用 OLS 模型、GWR 模型和 MGWR 模型分别研究空间特征的空间异质性，通过比较认为 MGWR 模型不仅能有效分析轨道交通站域可达性在空间上的异质性，更能自动调节不同空间特征的带宽，进而能更真实地反映轨道交通站域可达性空间特征在空间上的变化。

结果显示如下。

① 北京市轨道交通站域可达性在空间上呈现出明显的空间集聚特征。四环内的站域可达性高于四环外，且南五环与北五环附近站域可达性高于东五环与西五环。

② 轨道交通站域可达性相关的空间特征有：道路密度、功能混合度、功能密度、与中心距离、文化休闲密度、公共服务密度、人口密度、住房价格、商业中心性和居住中心性。其中人口密度、商业中心性和文化休闲密度与轨道交通站域可达性相关性不大。

本书将继续以两步移动搜索法作为轨道交通站域可达性评估方法，以石景山区慢行示范街道项目为实践，通过多源数据进行研究和实践，探究主客观数据在实际建设中的应用。

第6章

实践案例：石景山区轨道交通站域可达性优化

经过上述研究发现，当出行方式为骑行时，石景山区的站域可达范围相比于步行提高程度更大。结合石景山区慢行示范街道实践项目和上述研究结果，以石景山区为研究对象，探索主客观数据在实践中的应用，以准确定位慢行示范街道建设区域，提高建设效率。

石景山区总面积为 85.74km^2，下辖 9 个街道，截至 2020 年，常住人口 56.8 万人，如图 6-1 所示。区域内包括北部西山公园和西部首钢工业园区两处

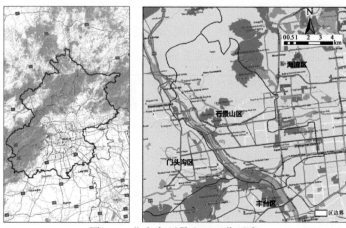

图 6-1　北京市石景山区区位示意

旅游景点，不仅旅游资源丰富，且交通资源集中，拥有包括地铁、公交和绕城高速在内的多层次城市交通系统。

6.1 石景山区轨道交通站域可达性评估

经上述研究发现，石景山区轨道交通站域的骑行优化度较高，因此以优化骑行环境作为优化措施，采用主客观数据量化的方法，对石景山区轨道交通站域可达性进行研究。

以两步移动搜索法为站域可达性评估方法，利用高德地图服务接口提供的路径规划服务，依托 ArcMap10.6 和 IBM SPSS Statistics 23 平台，对北京市石景山区轨道交通站点可达性进行研究分析。

6.1.1 站点与站点承载力

通过全国地理信息资源目录服务系统获得石景山行政边界矢量数据，采用高德地图开放平台提供的 POI 服务，获取轨道交通站点位置，并根据石景山行政边界对 POI 数据进行整理筛选。

获得轨道交通站点 POI 数据共 11 处（包括即将开通的模式口站与处于重建状态的福寿岭站）。模式口站建设完成，推迟开通。福寿岭站计划开通，目前仍旧为重建状态，具体建设结果未知，因此删除福寿岭站数据，保留模式口站数据。此外距离石景山区边界较近的站点为 1 号线玉泉路站、6 号线廖公庄站、S1 线四道桥站共 3 个站点。其中廖公庄站、田村站与石景山中间相隔五环路、阜石路，空间阻隔大，且距离较远，可达性过低，而四道桥站与石景山区通过首钢大桥连接，可达性较低，则该两处站点均不采用。玉泉路站位于石景山区边界处，周围交通便利，留用该站点数据。

本章供给量采用轨道交通站点承载力来表示。选取站点出入口数量、站点服务方向数以及站点经过线路数为指标评价承载力，具体站点承载力相关指标数据来源于北京地铁官方网站和现场调研。

因研究区域和数量发生变化，本章采取 Critic 权重法进行赋权，重新计算指标之间的权重差异。

利用 Python 实现对各个指标的计算并进行赋权，结果如表 6-1 所示。

表 6-1　站点承载力 Critic 权重计算结果

指标	指标变异性	指标冲突性	信息量	权重/%
出入口数量	0.319	1.098	0.35	44.21
站点服务方向数	0.298	0.596	0.177	22.44
站点经过线路数	0.405	0.652	0.264	33.35

与石景山区轨道交通站点具体数据进行统一计算获得站点承载力结果，如图 6-2 所示。通过以上方法计算出来的站点承载力为石景山区轨道交通站点相对承载力，以数值表示承载力相对大小，并非站点具体定量承载力。在所研究的 11 个站点中，苹果园站供给能力最强，其次是玉泉路站，八角游乐园站供给能力最差。

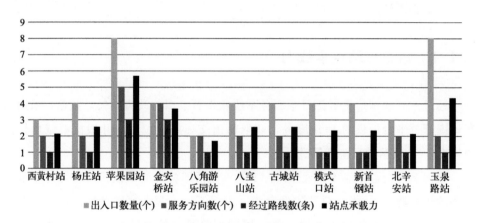

图 6-2　石景山区轨道交通站点承载力

6.1.2　人口分布与需求单元划分

使用住宅小区为基本需求单元，需求量数据为该住宅小区人口数量。利用高德地图开放平台获取石景山区住宅小区 POI 数据，并利用石景山区行政边界进行筛选，共计 274 个。

第一步，进行人口分布栅格数据修正。利用 WorldPop 网站提供的 2020 年中国 100m 分辨率人口分布栅格数据，通过石景山区第七次人口普查公告中各街道人口数据（表 6-2）进行修正，获得结果如图 6-3 所示。

表 6-2　石景山区各街道第七次人口普查数量

街道名称	第七次人口普查结果/人
八宝山街道	61211
老山街道	40023
八角街道	110929
古城街道	67685
苹果园街道	97543
金顶街街道	67734
广宁街道	14684
五里坨街道	41248
鲁谷街道	66794

注：资料来源于石景山区人民政府网站。

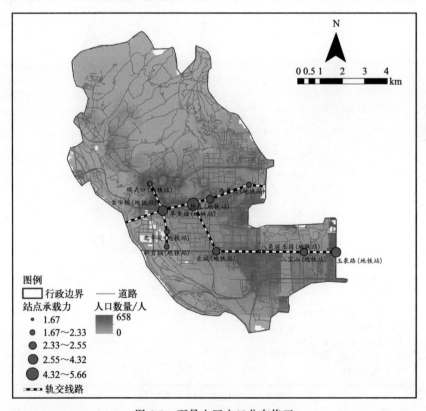

图 6-3　石景山区人口分布修正

第二步，建立需求单元。首先，通过获取的高德地图住宅小区 POI，以石景山区行政边界为区域建立泰森多边形，以获取每个小区覆盖面积。其次，通过POI建立以500m为半径的缓冲区。对两步获得的数据进行裁剪，避免过于边缘或者稀疏位置小区形成的泰森多边形过大，导致数据失真。最后，将修正后的人口分布栅格数据分区赋予裁剪后的结果，获得需求单元以及相应人口数量。最终获得274个需求单元。此方法相比于传统TAZ交通小区划分的需求单元更加精细，数据也更加准确。

6.1.3 可达性评估结果

根据上一步所得274个需求单元，当出行方式为步行时，共有91个需求单元到轨道交通站点步行时间在15min以内，占全区需求单元数量的33.21%。可达需求单元中22个可达性高于平均值，占步行可达数量的24.18%（图6-4）。

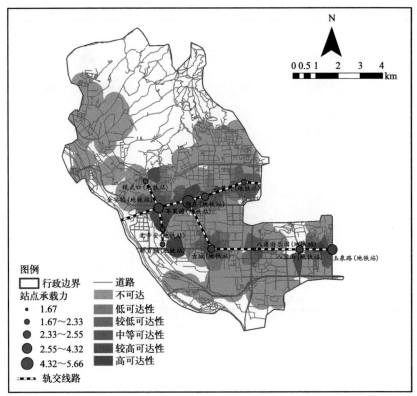

图6-4 步行15min计算结果

当出行方式为骑行时，共有238个需求单元到轨道交通站点骑行时间在15min以内（图6-5），占全区需求单元数量的86.86%，其中可达需求单元有87

个可达性高于平均值,占骑行可达数量的 36.55%(表 6-3)。结果表明,石景山区轨道交通站点整体可达性较低,骑行可达性要明显高于步行。

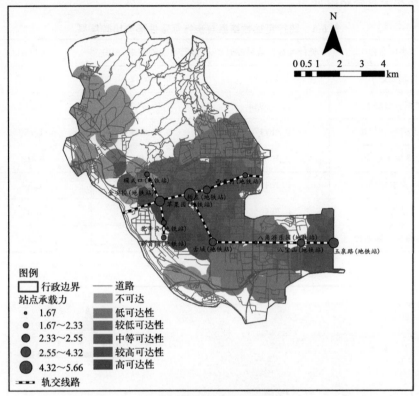

图 6-5 骑行 15min 计算结果

表 6-3 计算结果分析

出行方式	可达的单元数量/个	高于平均值的单元数量/个	不可达的单元数量/个	可达单元占比/%	高于平均值单元占比/%
步行	91	22	183	33.21	24.18
骑行	237	87	37	86.88	36.55

为进一步体现两种出行方式对需求单元的影响,采用骑行所得结果与对站点步行可达的 91 个需求单元相比,若该需求单元采用骑行站点可达性高于步行,则比值大于 1,相反则小于 1。结果表明,共有 36 个需求单元在采用了骑行后可达性提高,其中古城如意小区、首钢古西居民区和北京西现代城 3 个需求单元采用骑行出行可达性优化效果明显。有 55 个小区在采用骑行后可达性降低,其中金苹阁·金泰阁小区、宏鑫家园、苗圃小区和玉泉医院家属楼受到的影响最大(表 6-4)。在 ArcGIS 中利用克里金插值法对比较结果进行可视化(图 6-6),可

以明显看出，当采用骑行出行后，位于1号线古城站与苹果园站之间，八宝山站与八角游乐园站周边，需求单元可达性大幅上升。可达性降低的单元主要位于苹果园站和玉泉路站附近。

表 6-4 骑行可达性结果与步行可达性部分比较结果

小区名称	骑行可达性结果（Ai1）	步行可达性结果（Ai2）	Ai1/Ai2
古城如意小区	0.121287	0.000742	163.51
首钢古西居民区	0.120944	0.003709	32.61
北京西现代城	0.087173	0.008304	10.50
金苹阁·金泰阁	0.103487	0.564437	0.18
宏鑫家园	0.101393	0.572947	0.18
苗圃小区	0.099045	0.594731	0.17
玉泉医院家属楼	0.115253	1.116075	0.10

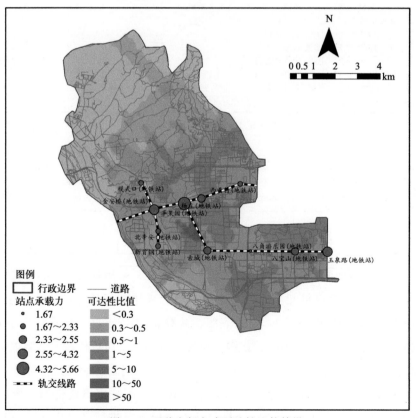

图 6-6 两种出行方式可达性比较结果

通过上述分析，得出结论：

① 采用骑行出行的方式可以改善站点发展不充分、分布不均匀区域的站点可达性；

② 对承载力较高、发展较为成熟的站点周边区域来说，出行方式的改变对可达性影响不大。

6.1.4 不同区域可达性比较

为了进一步比较石景山区与轨道交通发展成熟地区的站域可达性差别，以探究轨道交通站域优化策略，对北京市东城区与西城区站域可达性进行评估研究，结果如图 6-7 和图 6-8 所示。

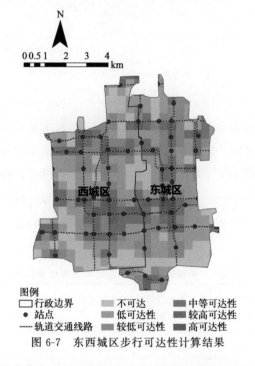

图 6-7 东西城区步行可达性计算结果

利用相同的方法计算北京市东城区和西城区轨道交通站点步行与骑行可达性，将结果与石景山区结果进行比较分析，从而判断该方法应用于评估轨道交通站点的适用程度。

北京市东城区与西城区总共占地 92.54km^2，两区常住人口 181.5 万人。占地面积与石景山区相近，但常住人口远高于石景山区。其中共有 66 个轨道交通站点。

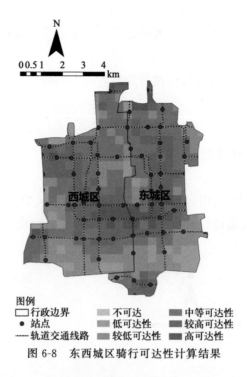

图 6-8　东西城区骑行可达性计算结果

最终计算结果如表 6-5 所示，东西城区 426 个需求单元共有 341 个 15min 步行可达，占比 80.05%。全部需求单元骑行可达，占比 100.00%。其中步行可达性高于平均值的共有 181 个单元，占比 42.49%。骑行可达性高于平均值的共有 216 个单元，占比 50.70%。骑行可达性结果与步行可达性结果比值共有 277 个单元大于 1，说明 65.02% 的单元可以通过骑行提高可达性，但是提高程度不明显。

表 6-5　东城区与西城区站域可达性计算结果

出行方式	可达单元数量/个	高于平均值可达单元数量/个	不可达单元数量/个	可达单元占比/%	高于平均值可达单元占比/%
步行	341	321	85	80.05	94.13
骑行	426	216	0	100.00	50.70

为了更好地分析经过该方法评估的结果，使用标准差的形式来体现可达性评估结果的均衡程度。分别计算所有单元的两种出行方式评估结果的标准差，并进行对比，标准差越小的研究区域说明可达性分布更加均衡，如表 6-6 所示。

表 6-6 东城区、西城区与石景山区可达性结果比较

研究对象	步行可达性均值	骑行可达性均值	步行可达性标准差	骑行可达性标准差
东城区和西城区	0.0001320	0.0001887	0.0001043	0.0000600
石景山区	0.06118323	0.07192410	0.1552812	0.0644985

根据计算结果显示，虽然东城区与西城区整体可达性结果呈现优于石景山区，但是可达性平均值结果低于石景山区。说明在轨道交通站域范围内，东城区与西城区人均拥有轨道交通服务量要低于石景山区，但是整体分布更加均匀合理。

6.2 可达性优化方式模拟分析

为定位轨道交通站域可达性低的区域，并全面剖析目前轨道交通站域可达性问题成因，以明确具体改进措施和未来优化建议，利用 IBM SPSS Statistics 23 分别对步行和骑行两种出行方式所得结果进行 K 值聚类分析。参与聚类分析的指标包括需求单元人口数量、需求单元可达站点承载力之和、不同出行方式下需求单元到站点的平均时间以及可达性结果值，经过 z 值处理，将计算结果划分为 5 类[137]。

6.2.1 步行可达性结果分析

对步行所得结果进行聚类，结果如表 6-7 和图 6-9 所示。

表 6-7 步行聚类结果

类型	需求单元数量	需求单元人口数量	需求单元可达站点承载力之和	需求单元到站点步行的平均时间	步行可达性结果值
高可达性单元	4	0.17	0.72	−0.56	3.69
较高可达性单元	14	−0.05	2.06	0.19	0.50
中等可达性单元	22	−0.13	−0.48	−1.26	−0.10
较低可达性单元	9	2.29	−0.53	0.48	−0.18
低可达性单元	42	−0.42	−0.39	0.55	−0.43

注：表中结果经 z 值处理。

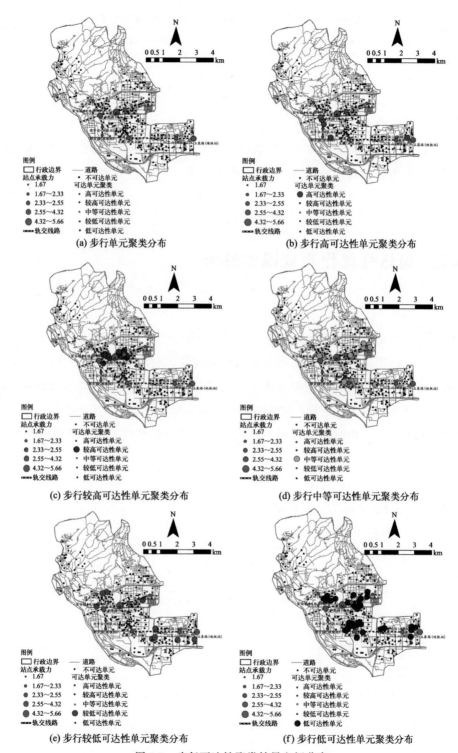

图 6-9 步行可达性聚类结果空间分布

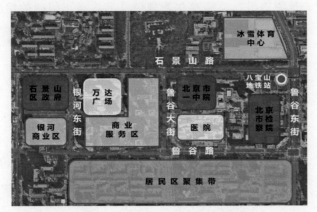

图 6-11 八宝山站域及周边环境概况

图 6-12 八宝山地铁站 A 口现状

站域周边道路树池未加盖,影响行人通行;站点周边道路施划自行车停车区数量不足,并缺少自行车停车区域,如图 6-13 所示。

图 6-13 八宝山站周边道路现状问题

站点周边部分绿地设计不够合理,没有提供行人穿越的道路,进而降低了居民慢行便捷性，且周边慢行道路存在管理混乱和机动车阻挡的情况，如图6-14所示。

(a) 绿地阻挡行人　　　　　　　　(b) 慢行道路管理混乱

图6-14　站点周边慢行系统道路现状问题

万达广场作为距离八宝山站最近的大型商业区，人流量较大，慢行系统优化有助于提高八宝山站域到万达广场的可达性，进而提高区域形象。

通过现场调研发现万达广场周边非机动车摆放混乱，慢行系统连续性较差；大量外卖车辆和快递车辆占用慢行道路，缺乏合理规划管理，影响慢行出行，如图6-15所示。

(a) 快递车辆占路　　　　　　　　(b) 非机动车摆放混乱

图6-15　万达广场周边车辆停放问题

万达广场周边少数道路景观植物种植位置不合理，侵占步道，影响行人出行，且景观设计较为单调，出行环境可进一步优化，提高出行幸福感，如图6-16所示。

(a) 绿带景观影响出行　　　　　　　　　(b) 景观设计单调

图 6-16　站域周边绿化现状问题

6.3.2　优化设计策略

根据对站域周边环境的调研，对现状问题提出针对性策略，以改善慢行出行环境，提高站域可达性。

增加连续步道系统以及无障碍设施，优化自行车停放区域，增加电子围栏；增设足够的自行车停放位置，合理设置自行车停车区，设立快递车停放区域，组织快递车有序停放。并加大周边管理力度，归还被侵占的慢行路权，提高步行出行和骑行出行的效率，如图 6-17 所示。

(a) 自行车停车区示意　　　　　　　　　(b) 电子围栏示意

图 6-17　慢行道路车辆停放优化示意

图片来源：谷德设计网

对景观绿化进行维护，树池加盖，提高步行环境的安全性；绿地改为公园，便于居民通行，如图 6-18 所示。

(a) 树池加盖示意　　　　　　　　(b) 绿地设计示意

图 6-18　景观优化示意

图片来源：谷德设计网

去除低矮分隔砖，增加绿化，优化慢行系统景观环境，提高空间亲人性。进而减少绿化景观对人出行的阻隔，提高可达性，如图 6-19 所示。

(a) 绿地设计示意　　　　　　　　(b) 慢行空间路权合理分配

图 6-19　站域慢行系统景观优化策略

图片来源：谷德设计网

6.4　本章小结

本章以石景山区轨道交通站域可达性优化实践项目为例，通过主客观数据对石景山区站域可达性进行了研究，验证了轨道交通站域可达性优化建设路径的可行性。

（1）对慢行系统的改善可以在部分地区提高轨道交通站域可达性

通过高德地图 API 提供的路径规划服务，以步行和骑行两种方式，利用高斯两步移动搜索法和 K 值聚类法，从供需角度对石景山区的轨道交通站点的可达性进行了分析，对优化措施进行了模拟验证，并结合问卷调查和现场调研，确认优化慢行系统会让更多人选择骑行出行，进而提高轨道交通站域可达性。但是存在部分区域通过骑行的方式会使可达性降低的情况。

（2）石景山区轨道交通站域可达性分布不均衡

整体来看石景山区轨道交通站点步行可达性较低，可达需求单元为总量的 33.21%，若出行方式采用骑行，可达需求单元为总量的 86.88%，提高程度明显。此外，全区轨道交通站点呈现出发展不充分、分布不均衡的特点。从可达性计算结果来看表现出中部区域可达性高，南北两侧区域可达性低的空间特征；即使采用骑行方式，可达性高于平均水平的住宅小区仅为 36.55%，且仍有部分区域不可达，如五里坨街道部分住宅小区。但站点可达性分布与人口分布较为协调，可达性分布公平性较好。通过比较分析认为，出行方式不同对大型站点可达性影响较小。因此通过改善慢行出行环境，引导居民采用骑行出行，在小型站点和站点分布不均衡地区，提高站点可达性的效果更为显著。

（3）验证了数据模拟与现状结合的可行性

通过 K 值聚类法，分别以两种出行方式，以需求单元可达的轨道交通站点承载力之和、需求单元人口数量、需求单元可达的轨道交通站点平均时间和可达性计算结果为分类标准。将石景山区对轨道交通站点可达的需求单元以每种出行方式各分为 5 类。根据不同站点和需求单元实际情况，提出提高站点周围开发程度、优化慢行交通环境和增设站点出入口等措施，以达到改善低可达性需求单元现状的目的。且根据数据模拟，可以发现优化措施效果最好的区域，最终选择八宝山站与八角游乐园站之间的站域为研究对象，以改善慢行交通环境为实施措施，并根据现场调研情况，提出具体策略。

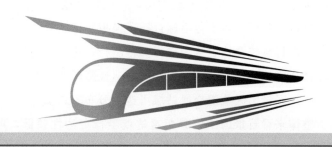

第 7 章

结论与展望

7.1 主要结论

本书以轨道交通站域可达性为切入点,经过梳理过往国内外研究,深入分析了轨道交通站域可达性的研究方法,以及结合多源数据在可达性研究方面的应用。通过互联网数据可视化、地理加权回归、多元地理加权回归、随机森林回归等方法,重点对北京市轨道交通站域可达性、站域范围、站域空间特征进行了分析,并提出数据化决策的轨道交通站域可达性优化路径。最后结合石景山轨道交通站域可达性优化建设的实践,验证了该优化路径的可行性。

本书通过研究主要得到以下结论。

(1) 验证了大数据量化分析方法在轨道交通站域可达性优化建设实践中的可行性

本书通过对轨道交通站域可达性及空间特征的研究,使用站域空间大数据,实现了量化分析轨道交通站域可达性。并依靠 GIS 软件实现可视化,从而达到对低可达性的轨道交通站域进行精准定位和优化结果模拟。最终以石景山区八宝山站与八角游乐园站中间区域为例,通过改进两步移动搜索法确定了可以通过骑行方式较大限度改善该站域可达性的区域,并通过问卷调查和现场调研,提出对该站域可达性的优化方法和策略,实现了从数据评估到实践验证的全过程。

(2) 依托多源数据对轨道交通站域范围和可达性进行了量化分析

通过互联网地图提供的 API 服务,利用覆盖法和两步移动搜索法,实现了在不同出行方式、相同出行时间成本的条件下对北京市轨道交通站域范围和站域可达性进行量化评估。最后通过 ArcGIS10.6 平台对计算结果进行可视化,并使用空间自相关等分析方法对站域可达性进行了空间分布特征的研究。

相对于传统的图论可达性和空间句法理论,本书提供的轨道交通站域划定范围方法与日常生活更为接近,是对居民日常出行的准确反映,并从供需角度对轨道交通站域可达性进行了量化分析,依托更为精准的数据和方法,可以更好地实现数据提取和量化分析,进而提高研究的准确度,实现对轨道交通站域范围和可达性现状的精准评估。

(3) 改进了两步移动搜索法并应用于轨道交通站域可达性量化评估

本书通过互联网大数据实现了对需求点的定位,同时能够获取更为准确的由需求点至供给点不同出行方式的出行时间。在此基础上,对两步移动搜索法进行改进,以更适合可达性计算的时间成本代替距离成本,实现了在供需角度对轨道交通站域可达性的量化评估。进而拓展轨道交通站域可达性的研究方法,提高量化的精确度的方式,以及选择可达性优化区域。本书研究也发现,从供需角度出发,以骑行出行的方式会降低部分区域的可达性。

(4) 使用多种回归模型分析了轨道交通站域可达性与站域空间特征的关系

本书使用了随机森林回归、Pearson 相关性回归、最小二乘法回归、地理加权回归和多元地理加权回归等方式,对轨道交通站域空间特征与轨道交通站域可达性进行了分析,探究了北京市轨道交通站域空间特征与可达性之间的关系,并解析了现状的成因和优化策略。如通州区的轨道交通站域可达性需要发展,且发展前景良好。因为某些空间特征与中心城区呈现较强相关性的因子,在通州区域呈现了负向相关,如人口密度和道路密度,说明该地区轨道交通发展落后于现在的需求,需要进一步对轨道交通站域进行建设,以达到与中心城区相同水平。

7.2 研究不足与展望

本书涉及的理论知识和数据量较为庞大，限于笔者能力，研究的深度与分析方法有待进一步提高。在研究过程中笔者体会到，以下问题有待进一步讨论和深入研究。

（1）研究数据有待扩展和完善，精度需要进一步提高和深化

在大数据发展的背景下，量化研究必然会成为城市研究的趋势，空间分析方法和工具的发展也会成为城市相关研究的重要助力。因此研究的数据和搜集方法需要进一步扩展和精确。

本书的数据搜集主要来源于互联网开源大数据，对于其他非开源数据无法获得，仅能从有限数据中尽量挖掘其所包含的信息，并进行研究，以提高研究的深度和数据的利用率，但仍无法弥补重要数据的缺失和无法获得的遗憾。后续研究可继续搜集相关数据，进一步提高结果分析的可信度。

（2）研究策略与实践的结合有待进一步落实和推广

目前，本书研究虽然已经应用于相关示范街道的建设项目当中，但获得最终效果仍需一定的时间。此外，如何与相关政策和规定结合，以及将本书研究成果进行实践验证，也将成为笔者以后思考和研究的方向。

参考文献

[1] Walid Chatti. Moving towards environmental sustainability: information and communication technology (ICT), freight transport, and CO_2 emissions [J]. Heliyon, 2021, 7 (10): e08190.

[2] 舟丹. 实现碳达峰碳中和中国面临的挑战 [J]. 中外能源, 2022, 27 (8): 52.

[3] 施仲衡, 丁树奎. 城市轨道交通绿色低碳发展策略 [J]. 城市轨道交通, 2022 (9): 14-17.

[4] 胡垚, 吕斌. 大都市低碳交通策略的国际案例比较分析 [J]. 国际城市规划, 2012, 27 (5): 102-111.

[5] Truong P Truong, David A Hensher. Measurement of travel time values and opportunity cost from a discrete-choice model [J]. The Economic Journal, 1985, 95 (378): 438-451.

[6] Mark Wardman. Public transport values of time [J]. Transport Policy, 2004, 11 (4): 363-377.

[7] 殷铭, 汤晋, 段进. 站点地区开发与城市空间的协同发展 [J]. 国际城市规划, 2013, 28 (3): 70-77.

[8] 傅雨濛. 轨道交通影响下北京市边缘区人口空间分布特征 [C] //面向高质量发展的空间治理——2021 中国城市规划年会论文集（11 城乡治理与政策研究），2021: 45-59.

[9] Saeed Monajem, Farzan Ekram Nosratian. The evaluation of the spatial integration of station areas via the node place model: an application to subway station areas in Tehran [J]. Transportation Research Part D, 2015, 40: 14-27.

[10] 蔡朝阳. 天津市轨道交通站域可达性与空间分布协同发展策略研究 [D]. 天津: 天津大学, 2019.

[11] 胡娜, 张纯. 城市轨道交通可达性对通勤满意度的影响 [J]. 城市交通, 2022, 20 (3): 90-99.

[12] 毛蒋兴, 阎小培. 城市土地利用模式与城市交通模式关系研究 [J]. 规划师, 2002 (7): 69-72.

[13] Walter Hansen G. How Accessibility Shapes Land Use [J]. Journal of the American Planning Association, 1959, 25 (2): 73-76.

[14] 李道勇. 大都市区多中心视角下轨道交通与新城的协调发展 [D]. 天津: 天津大学, 2014.

[15] Peter Calthorpe. The Next American Metropolis: Ecology, Community, and the American Dream [M]. New York: Princeton Architectural Press, 1993.

[16] Earl Bossard G, Jeff Hobbs, Brett Hondorp. Envisioning Neighborhoods With Transit-Oriented Development Potential [J]. Mti Report: 01-15, 2002.

[17] Marlon Boarnet, Randall Crane. LA story: A reality check for transit-based housing [J]. Journal of the American Planning Association, 1997, 63 (2): 189-204.

[18] Andrew Guthrie, Yingling Fan. Developers' perspectives on transit-oriented development [J]. Transport Policy, 2016, 51: 103-114.

[19] Tom Still. Transit-oriented development: Reshaping America's metropolitan landscape [J]. On Common Ground, 2002: 44-47.

[20] Reid H Ewing. Pedestrian-and Transit-friendly Design: a Primer for Smart Growth [M]. Washington: Smart Growth Network, 1999.

[21] Michael Bernick, Robert Cervero. Transit Villages in the 21st Century [M]. New York: Mcgraw-hill, 1997.

[22] Kevin Krizek J. Transit supportive home loans: Theory, application, and prospects for smart growth [J]. Housing Policy Debate, 2003, 14 (4): 657-677.

[23] Douglas Porter R. Transit-focused development: a progress report [J]. Journal of the American Planning Association, 1998, 64 (4): 475-488.

[24] Brian Shetterly R. Transit Villages in the 21st Century [J]. Journal of the American Planning Association, 1998, 64 (1): 103.

[25] 罗江凡, 栗庆耀, 吴严, 等. 轨道交通站点"最后一公里"的接驳研究 [J]. 现代城市轨道交通, 2016 (04): 93-98.

[26] 严海, 杨荣荣, 熊文, 等. 步行和自行车接驳轨道交通时空阈值研究 [J]. 城市交通, 2013, 11 (02): 83-90.

[27] 张宁, 戴洁, 张晓军. 基于多项 Logit 模型的轨道交通站点步行接驳范围 [J]. 城市轨道交通研究, 2012, 15 (5): 46-49.

[28] 周家中. 出行链视角下城市轨道交通接驳方式联合选择模型 [J]. 铁道标准设计, 2016, 60 (4): 4-7.

[29] 杜彩军, 蒋玉琨. 城市轨道交通与其他交通方式接驳规律的探讨 [J]. 都市快轨交通, 2005 (3): 45-49.

[30] Jones P, Titheridge H, Wixey S. 'WALC': Measuring pedestrian access to local bus and rail stations, taking into account traveller perceptions [J]. The Expanding Sphere of Travel Behaviour Research, 2006: 1-25.

[31] Ahmed El-Geneidy, Michael Grimsrud, Rania Wasfi. New evidence on walking distances to transit stops: Identifying redundancies and gaps using variable service areas [J]. Transportation, 2014, 41: 193-210.

[32] Dennis Zielstra, Hartwig Hochmair H. Comparative study of pedestrian accessibility to transit stations using free and proprietary network data [J]. Transportation Research Record, 2011, 2217 (1): 145-152.

[33] Esra Trepci, Praveen Maghelal, Elie Azar. Effect of densification and compactness on urban building energy consumption: Case of a Transit-Oriented Development in Dallas, TX [J]. Sustainable Cities and Society, 2020, 56: 101987.

[34] Nindya Kusumaputri Suwarto, Bambang Hari Wibisono. Characteristics of the Surrounding Areas of BRT Stations in Jambi Province Based on Land-Use Diversity [J]. Built Environment Studies, 2021, 2 (2): 9-16.

[35] Dennis Gratton, Leanne Watson, Lise Guevremont. Light Rail as the Catalyst for Ottawa's Transit-Oriented Development [J]. Sustaining the Metropolis, 2012, 11: 279-295.

[36] Chao Liu, Sevgi Erdogan, Ting Ma. How to increase rail ridership in Maryland: direct ridership models for policy guidance [J]. Journal of Urban Planning and Development, 2016, 142

(4): 04016017.

[37] 刘泉, 张莞莅, 钱征寒. 基于老龄化视角的 TOD 地区步行尺度——以日本选址优化规划为例 [J]. 国际城市规划, 2021, 36 (2): 40-49.

[38] 张琦, 丁昕, 王秋平. 基于 POI 的西安市轨道交通站域生产性服务业空间分布特征 [J]. 陕西师范大学学报 (自然科学版), 2021, 49 (2): 67-77.

[39] 谭佩珊, 麦可, 张亚涛, 等. 利用多源城市数据划定地铁站点吸引范围 [J]. 地球信息科学学报, 2021, 23 (04): 593-603.

[40] Jungyul Sohn. Are commuting patterns a good indicator of urban spatial structure? [J]. Journal of Transport Geography, 2005, 13 (4): 306-317.

[41] 宋宁. 上海火车站地铁站周边步行系统现状问题研究 [J]. 城市住宅, 2020, 27 (4): 63-66.

[42] 吴韬, 严建伟. 城市轨道交通站点可达性度量及评价——以天津市为例 [J]. 地理与地理信息科学, 2020, 36 (1): 75-81.

[43] 王安琪, 彭建东, 任鹏, 等. 轨道站点周边建成环境对残疾人出行行为的影响研究——以武汉市 189 个轨道站点为例 [J]. 地理科学进展, 2021, 40 (7): 1127-1140.

[44] 于鑫, 张凌云. 北京市轨道交通与铁路四网融合发展研究 [J]. 现代城市轨道交通, 2021 (1): 1-6.

[45] 申犁帆, 王烨, 张纯, 等. 轨道站点合理步行可达范围建成环境与轨道通勤的关系研究——以北京市 44 个轨道站点为例 [J]. 地理学报, 2018, 73 (12): 2423-2439.

[46] 杨滔. 空间句法是建筑决定论的回归?——读《空间是机器》有感 [J]. 北京规划建设, 2008 (5): 88-93.

[47] Zheng Li. The impact of metro accessibility on residential property values: An empirical analysis [J]. Research in Transportation Economics, 2018, 70: 52-56.

[48] Hyungun Sung, Keechoo Choi, Sugie Lee. Exploring the impacts of land use by service coverage and station-level accessibility on rail transit ridership [J]. Journal of Transport Geography, 2014, 36: 134-140.

[49] Hyun Kim, Keumsook Lee, Jong Soo Park. Transit network expansion and accessibility implications: A case study of Gwangju metropolitan area, South Korea [J]. Research in Transportation Economics, 2018, 69: 544-553.

[50] Hyun Kim, Yena Song. Examining accessibility and reliability in the evolution of subway systems [J]. Journal of Public Transportation, 2015, 18 (3): 89-106.

[51] Shaopei Chen, Christophe Claramunt, Cyril Ray. A spatio-temporal modelling approach for the study of the connectivity and accessibility of the Guangzhou metropolitan network [J]. Journal of Transport Geography, 2014, 36: 12-23.

[52] Xuan Li. Research on the Topological Structure Description of Urban Rail Transit Network [C] // Proceedings of the 2015 International Conference on Electrical and Information Technologies for Rail Transportation: Transportation: Springer, 2016: 409-418.

[53] Ruoyun Jiang, Qing-Chang Lu, Zhong-Ren Peng. A station-based rail transit network vulnerability

[54] Duangporn Prasertsubpakij, Vilas Nitivattananon. Evaluating accessibility to Bangkok Metro Systems using multi-dimensional criteria across user groups [J]. Iatss Research, 2012, 36 (1): 56-65.

[55] GR Bivina, Akshay Gupta, Manoranjan Parida. Influence of microscale environmental factors on perceived walk accessibility to metro stations [J]. Transportation Research Part D: Transport and Environment, 2019, 67: 142-155.

[56] Mulders-Kusumo C. Is a railway station a central urban place? Spatial configuration study of retail distribution pattern around railway stations [C]. 5th International Space Syntax Symposium, 2005: 201-210.

[57] Zuo T, Wei H, Chen N. Promote transit via hardening first-and-last-mile accessibility: Learned from modeling commuters' transit use [J]. Transportation Research Part D: Transport and Environment, 2020, 86: 102446.

[58] Zuo T, Wei H, Chen N. First-and-last mile solution via bicycling to improving transit accessibility and advancing transportation equity [J]. Cities, 2020, 99: 102614.

[59] Martina Carra, Silvia Rossetti, Michela Tiboni. Urban regeneration effects on walkability scenarios [J]. Tema-journal of Land Use, Mobility and Environment, 2022, 1: 101-114.

[60] Merlin L A, Singer M, Levine J. Influences on transit ridership and transit accessibility in US urban areas [J]. Transportation Research Part A: Policy and Practice, 2021, 150: 63-73.

[61] Papa E, Bertolini L. Accessibility and transit-oriented development in European metropolitan areas [J]. Journal of Transport Geography, 2015, 47: 70-83.

[62] He SY. Regional impact of rail network accessibility on residential property price: Modelling spatial heterogeneous capitalisation effects in Hong Kong [J]. Transportation Research Part A: Policy and Practice, 2020, 135: 244-263.

[63] 程昌秀, 张文尝, 陈洁, 等. 基于空间句法的地铁可达性评价分析——以2008年北京地铁规划图为例 [J]. 地球信息科学, 2007 (6): 31-35.

[64] 周群, 马林兵, 陈凯, 等. 一种改进的基于空间句法的地铁可达性演变研究——以广佛地铁为例 [J]. 经济地理, 2015, 35 (3): 100-107.

[65] 魏攀一, 黄建玲, 陈艳艳, 等. 城市轨道交通可达性计算方法 [J]. 重庆交通大学学报 (自然科学版), 2019, 38 (10): 1-6.

[66] 姚志刚, 傅宇豪, 张俊青. 站点可达性方法对公交不平等测度的影响研究 [J]. 交通运输系统工程与信息, 2021, 21 (3): 206-213.

[67] 马书红, 唐大川, 李道. 基于辐射范围的城市轨道站点可达性研究 [J]. 深圳大学学报 (理工版), 2022, 39 (3): 296-304.

[68] 肖博华. 基于互联网地图数据的城市轨道交通规划方案公交可达性计算方法 [J]. 城市轨道交通研究, 2021, 24 (1): 69-73.

[69] 戴智, 江捷, 麦文隽. 基于互联网地图的可达性量化评价方法 [J]. 城市轨道交通研究, 2020, 23 (12): 28-32.

[70] 张烨. 图论可达性 [J]. 建筑学报, 2012 (9): 71-76.

[71] Batty M. Accessibility: in search of a unified theory [J]. Environment and Planning B: Planning and Design, 2009, 36 (2): 191-194.

[72] Porta S, Crucitti P, Latora V. The Network Analysis of Urban Streets: A Primal Approach [J]. Environment and Planning B: Planning and Design, 2006, 33 (5): 705-725.

[73] Hillier B, Iida S. Network and psychological effects in urban movement [C]. Spatial Information Theory: International Conference, COSIT 2005, Ellicottville, NY, USA, September 14-18, 2005. Proceedings 7. Springer Berlin Heidelberg, 2005: 475-490.

[74] 张大玉, 凡来, 刘洋. 基于空间句法的北京市展览路街道公共空间使用评价及提升对策研究 [J]. 城市发展研究, 2021, 28 (11): 38-44, 173.

[75] 刘承良, 余瑞林, 段德忠. 基于空间句法的武汉城市圈城乡道路网通达性演化分析 [J]. 地理科学, 2015, 35 (6): 698-707.

[76] 王英博, 单晓晨, 孟煜. 基于出租车GPS大数据的城市区域间可达性评估模型 [J]. 计算机科学, 2019, 46 (1): 271-277.

[77] 段畅. 北京市小汽车出行可达性研究 [D]. 北京: 北京交通大学, 2017.

[78] 汪林, 陈艳云. 基于GIS的地铁站步行可达性研究 [J]. 城市勘测, 2016, (4): 50-56.

[79] 唐清, 吴嘉琪. 基于互联网地图数据的广州市轨道站点接驳效率评价 [J]. 科技和产业, 2023, 23 (1): 135-140.

[80] 朱涛, 何奥, 杨滨源. 基于真实路径的山地社区步行可达性评估研究——以重庆阳光社区为例 [J]. 城市建筑空间, 2022, 29 (7): 93-96.

[81] 陈杰, 薛建华, 韩亮, 等. 居民就医时空可达性测度及其空间分布特征 [J]. 北京测绘, 2022, 36 (06): 737-740.

[82] Horner M W, Murray A T. Spatial representation and scale impacts in transit service assessment [J]. Environment and Planning B: Planning and Design, 2004, 31 (5): 785-797.

[83] O'Sullivan S, Morrall J. Walking distances to and from light-rail transit stations [J]. Transportation Research Record, 1996, 1538 (1): 19-26.

[84] Yigitcanlar T, Sipe N, Evans R. A GIS—based land use and public transport accessibility indexing model [J]. Australian planner, 2007, 44 (3): 30-37.

[85] 王文红, 关宏志, 王山川. Nested-Logit模型在轨道交通衔接方式选择中的应用 [J]. 城市轨道交通研究, 2008 (7): 25-30.

[86] Zielstra D, Hochmair H H. Comparative study of pedestrian accessibility to transit stations using free and proprietary network data [J]. Transportation Research Record, 2011, 2217 (1): 145-152.

[87] 甘勇华. 自行车与城市轨道交通的换乘衔接 [J]. 城市轨道交通研究, 2007 (4): 8-10.

[88] 况丽娟, 叶霞飞. 自行车接驳城市轨道交通的特征研究 [J]. 城市轨道交通研究, 2010, 13 (2): 53-56.

[89] Carrion C, Levinson D. Route choice dynamics after a link restoration [J]. Transportmetrica B:

Transport Dynamics, 2019, 7 (1): 1155-1174.

[90] Di X, Liu H X, Zhu S. Indifference bands for boundedly rational route switching [J]. Transportation, 2017, 44: 1169-1194.

[91] 刘晓东. 基于复杂网络理论的城市快速路网结构分析及匹配研究 [D]. 西安：长安大学, 2013.

[92] Hillier B, Penn A, Hanson J. Natural movement: or, configuration and attraction in urban pedestrian movement [J]. Environment and Planning B: planning and design, 1993, 20 (1): 29-66.

[93] Wachs Martin, Kumagai Gordon T. Physical accessibility as a social indicator [J]. Socio-Economic Planning Sciences, 1973, 7 (5): 437-456.

[94] Breheny Michael J. The measurement of spatial opportunity in strategic planning [J]. Regional Studies, 1978, 12 (4): 463-479.

[95] Mitchell C G B, Town S W. Accessibility of various social groups to different activities" supplementary report 258 [J]. Transport and Road Research Laboratory, Crowthorne, Berks, 1977, 24 (5): 29-35.

[96] 任家怿, 王云. 基于改进两步移动搜索法的上海市黄浦区公园绿地空间可达性分析 [J]. 地理科学进展, 2021, 40 (5): 774-783.

[97] 仝德, 孙裔煜, 谢苗苗. 基于改进高斯两步移动搜索法的深圳市公园绿地可达性评价 [J]. 地理科学进展, 2021, 40 (7): 1113-1126.

[98] 王绮, 修春亮, 魏冶, 等. 基于高斯两步移动搜索法的沈阳市就业可达性评价 [J]. 人文地理, 2015, 30 (02): 78-82.

[99] 李孟桐, 杨令宾, 魏冶. 高斯两步移动搜索法的模型研究——以上海市绿地可达性为例 [J]. 地理科学进展, 2016, 35 (8): 990-996.

[100] Li Daoyong, Zang Hengyi, Yu Demiao, et al. Study on the Influence Mechanism and Space Distribution Characteristics of Rail Transit Station Area Accessibility Based on MGWR [J]. International Journal of Environmental Research and Public Health, 2023, 20 (2): 1535.

[101] Li Daoyong, Zang Hengyi, He Qilin. Assessing Rail Station Accessibility Based on Improved Two-Step Floating Catchment Area Method and Map Service API [J]. Sustainability, 2022, 14 (22): 15281.

[102] Biau G, Scornet E. A random forest guided tour [J]. Test, 2016, 25: 197-227.

[103] 吕红燕, 冯倩. 随机森林算法研究综述 [J]. 河北省科学院学报, 2019, 36 (03): 37-41.

[104] 张学良. 探索性空间数据分析模型研究 [J]. 当代经济管理, 2007 (2): 26-29.

[105] Xu Qing, Li Bo, McRoberts Ronald E. Harnessing data assimilation and spatial autocorrelation for forest inventory [J]. Remote Sensing of Environment, 2023, 288.

[106] 施嘉玮. 北京二手房价格及其影响因素的空间计量研究 [D]. 北京：清华大学, 2018.

[107] Dong Yun-Hao, Peng Fang-Le, Li Hu. Spatial autocorrelation and spatial heterogeneity of underground parking space development in Chinese megacities based on multisource open data [J]. Applied Geography, 2023, 153.

[108] Dey Soumen, Moqanaki Ehsan, Milleret Cyril. Modelling spatially autocorrelated detection probabilities in spatial capture-recapture using random effects [J]. Ecological Modelling, 2023, 479: 110324.

[109] Cheung Jason T H, Zhang Wei, Chiu Brian C H. Geospatial analysis of population-based incidence of multiple myeloma in the United States [J]. Cancer Epidemiology, 2023, 83: 1021343.

[110] 覃文忠. 地理加权回归基本理论与应用研究 [D]. 上海: 同济大学, 2007.

[111] 吴玉鸣. 空间计量经济模型在省域研发与创新中的应用研究 [J]. 数量经济技术经济研究, 2006 (5): 74-85, 130.

[112] Tian Mi, Wang Xueqiu, Wang Qiang. Geographically weighted regression (GWR) and Prediction-area (P-A) plot to generate enhanced geochemical signatures for mineral exploration targeting [J]. Applied Geochemistry, 2023, 150: 105590.

[113] Gao F, Yang L, Han C. A network-distance-based geographically weighted regression model to examine spatiotemporal effects of station-level built environments on metro ridership [J]. Journal of Transport Geography, 2022, 105: 103472.

[114] Pan Y, Yuan Q, Ma J. Improved Daily Spatial Precipitation Estimation by Merging Multi-Source Precipitation Data Based on the Geographically Weighted Regression Method: A Case Study of Taihu Lake Basin, China [J]. International Journal of Environmental Research and Public Health, 2022, 19 (21): 13866.

[115] Wei W, Zhang X, Liu C. A new drought index and its application based on geographically weighted regression (GWR) model and multi-source remote sensing data [J]. Environmental Science and Pollution Research, 2023, 30 (7): 17865-17887.

[116] Shen Y, de Hoogh K, Schmitz O. Europe-wide air pollution modeling from 2000 to 2019 using geographically weighted regression [J]. Environment international, 2022, 168: 107485.

[117] Yu H, Gong H, Chen B. Analysis of the influence of groundwater on land subsidence in Beijing based on the geographical weighted regression (GWR) model [J]. Science of the Total Environment, 2020, 738: 139405.

[118] Yustisia G. Geographically Weighted Regression (GWR) Modelling with Weighted Fixed Gaussian Kernel and Queen Contiguity for Dengue Fever Case Data [J]. CAUCHY: Jurnal Matematika Murni dan Aplikasi, 2017, 5 (1): 15-19.

[119] Fadmi F R, Mulyani S, Buton L D. Geographically Weighted Regression (GWR) Approach in the Modeling of Malnutrition and the Influencing Factors in Muna Regency [J]. Indian Journal of Public Health Research & Development, 2018, 9 (6): 351-356.

[120] Zhou Q, Wang C, Fang S. Application of geographically weighted regression (GWR) in the analysis of the cause of haze pollution in China [J]. Atmospheric Pollution Research, 2019, 10 (3): 835-846.

[121] Nazeer M, Bilal M. Evaluation of ordinary least square (OLS) and geographically weighted regression (GWR) for water quality monitoring: A case study for the estimation of salinity [J]. Journal of Ocean University of China, 2018, 17: 305-310.

[122] Wang X, Zhang F. Multi-scale analysis of the relationship between landscape patterns and a water quality index (WQI) based on a stepwise linear regression (SLR) and geographically weighted regression (GWR) in the Ebinur Lake oasis [J]. Environmental Science and Pollution Research,

2018, 25: 7033-7048.

[123] Wu D. Spatially and temporally varying relationships between ecological footprint and influencing factors in China's provinces Using Geographically Weighted Regression (GWR)[J]. Journal of Cleaner Production, 2020, 261: 121089.

[124] Li Ting, Li Chaokui, Zhang Rui. Spatial Heterogeneity and Influence Factors of Traditional Villages in the Wuling Mountain Area, Hunan Province, China Based on Multiscale Geographically Weighted Regression [J]. Buildings, 2023, 13 (2): 294.

[125] 沈体雁, 于瀚辰, 周麟, 等. 北京市二手住宅价格影响机制——基于多尺度地理加权回归模型（MGWR）的研究[J]. 经济地理, 2020, 40 (03): 75-83.

[126] 卢宾宾, 葛咏, 秦昆, 等. 地理加权回归分析技术综述 [J]. 武汉大学学报（信息科学版）, 2020, 45 (09): 1356-1366.

[127] Hu J, Zhang J, Li Y. Exploring the spatial and temporal driving mechanisms of landscape patterns on habitat quality in a city undergoing rapid urbanization based on GTWR and MGWR: The case of Nanjing, China [J]. Ecological Indicators, 2022, 143: 109333.

[128] Cao X, Shi Y, Zhou L. Analysis of Factors Influencing the Urban Carrying Capacity of the Shanghai Metropolis Based on a Multiscale Geographically Weighted Regression (MGWR) Model [J]. Land, 2021, 10 (6): 578.

[129] Zhang S, Wang L, Lu F. Exploring housing rent by mixed geographically weighted regression: A Case study in Nanjing [J]. ISPRS International Journal of Geo-Information, 2019, 8 (10): 431.

[130] Chen Y, Zhu M, Zhou Q. Research on spatiotemporal differentiation and influence mechanism of urban resilience in China based on MGWR model [J]. International Journal of Environmental Research and Public Health, 2021, 18 (3): 1056.

[131] Ord J K, Getis A. Local spatial autocorrelation statistics: distributional issues and an application [J]. Geographical analysis, 1995, 27 (4): 286-306.

[132] 杨镇铭, 杨林川, 崔叙, 等. 成都市中心型地铁站点地区协同性评价[J]. 规划师, 2020, 36 (23): 67-74.

[133] 孟令君. "节点-场所"互适导向下的历史街区轨交站点地区规划对策研究[D]. 天津: 天津大学, 2018.

[134] Su Shiliang, Zhang Hui, Wang Miao, et al. Transit-oriented development (TOD) typologies around metro station areas in urban China: A comparative analysis of five typical megacities for planning implications [J]. Journal of Transport Geography, 2021, 90: 102939.

[135] Chorus P, Bertolini L. An application of the node place model to explore the spatial development dynamics of station areas in Tokyo [J]. Journal of transport and land use, 2011, 4 (1): 45-58.

[136] Guowei Lyu, Luca Bertolini, Karin Pfeffer. Developing a TOD typology for Beijing metro station areas [J]. Journal of Transport Geography, 2016, 55.

[137] 孙吉贵, 刘杰, 赵连宇. 聚类算法研究 [J]. 软件学报, 2008 (01): 48-61.

附录

轨道站点周边慢行空间满意情况调查问卷

问卷编号_____

感谢您抽出宝贵时间填写问卷,您的答案将对"轨道站点周边慢行空间评价及优化方法研究"产生重要意义。我们将保护您的隐私,本问卷答案仅用于学术研究。再次感谢您的支持!

1. 性别:

   A. 男　　　　B. 女

2. 年龄:

   A. 20 以下　　B. 20～39　　C. 40～65　　D. 65 及以上

3. 您多长时间乘坐一次地铁:

   A. 每天　　　B. 每周　　　C. 每月　　　D. 偶尔

4. 您为何选择地铁出行(多选):

   A. 准时到达　B. 速度快　　C. 舒适性高　D. 不便停车

   E. 路程近　　F. 安全性高　G. 其他

5. 您平时出行目的（多选）：

A. 工作、上学通勤　　　　　　　　B. 换乘（火车站、机场）

C. 休闲娱乐　　D. 走亲访友　　　　E. 其他

6. 您经常乘坐地铁的时间：

A. 7：00 以前　　　　　　B. 7：00～9：00　　C. 9：00～17：00

D. 17：00～20：00　　　　E. 20：00 以后

7. 您以何种方式到达地铁站：

A. 步行　　　　B. 骑行　　　　C. 公交车　　　　D. 其他

8. 您到达地铁站需要的时间：

A. 10min 以内　　　　　　B. 10～20min

C. 20～30min　　　　　　 D. 30min 以上

9. 您到达地铁站是否需要绕路：

A. 不绕路　　　B. 有点绕路　　C. 一般绕路　　　D. 比较绕路

E. 非常绕路

请您对地铁站点周边步行环境的满意程度打分（满意打 5 分，不满意打 1 分）。

项目	总体满意度	单项满意度											
		便捷性		安全性			标识性	舒适性					
		路网便捷	过街红灯	步道平整	过街安全	夜间灯光	标识指引	服务设施	设施遮蔽	环境质量	步道宽度	步道侵占	休憩空间	视觉景观
站点														

您对改善地铁站点周边步行环境的建议：

请您对地铁站点周边骑行环境的满意程度打分（满意打 5 分，不满意打 1 分）。

项目	总体满意度	单项满意度												
		便捷性			安全性					标识性		舒适性			
		路网便捷	过街红灯	站点接驳	道路平整	过街安全	夜间灯光	行驶安全	视觉可达	标识指引	优先标识	服务设施	道路宽度	道路侵占	停车空间	视觉景观
站点																

地铁站点周边骑行环境优化后您是否考虑选择骑行前往站点？
A. 会　　B. 不会
您对改善地铁站点周边骑行环境的建议：

您的作答将为我们更好地分析轨道交通站点地区慢行系统影响因素提供很大帮助，感谢您的支持与参与，祝您工作生活愉快！

高可达性单元共有 1 个，为首钢铸造一区，位于金安桥站西侧。该类区域人口虽然最多，但站点与人口供需关系平衡，且骑行至大型站点用时较短，可达性最高。

较高可达性单元共有 5 个，分别为石景山路 99 号院（位于新首钢站东侧）、中海寰宇天下、景山府和中海寰宇天下御山府（位于金安桥站南侧附近）、园林小区（玉泉路站与八宝山站之间）。该类区域站点与人口的供需关系接近平衡，且骑行至站点用时最短，可达性较高。

中等可达性单元共有 125 个，主要分布在西长安街沿线以北，1 号线、11 号线和 6 号线所围合区域内。该类区域位于大型站点周围，供给可满足需求，但骑行至站点用时较长，可适当优化慢行系统，减少出行用时，提高可达性。

较低可达性单元共有 44 个，主要分布在 1 号线八角游乐园站周围区域、西长安街沿线南侧周围区域以及 6 号线北侧周围区域。该类区域出行用时短，但供给无法满足需求，导致可达性较低。可通过提高八角游乐园站承载力，如增加出入口，以改善现状。

低可达性单元共有 62 个，主要分布在 1 号线南侧和 6 号线北侧较远区域。该类区域虽然骑行可达性较低，但相比于步行出行，有了极大改善。因出行时间长，导致此类单元站点可达性低。可在此类单元所在区域增设站点以提高可达性。

6.2.3 结果分析总结

基于上述分析，将石景山区 11 个站点区域可达性优化措施进行整理，如表 6-9 所示。

表 6-9 站点优化措施与建议

优化措施与建议	站点名称
提高开发程度	北辛安站、新首钢站
优化骑行环境	苹果园站、古城站、杨庄站、模式口站、金安桥站、八宝山站、玉泉路站、八角游乐园站
增设站点出入口	西黄村站、八角游乐园站

可达性现状较高的站点为新首钢站和北辛安站，2 个站点皆位于首钢工业园，周围人口较少，导致供给大于需求，因此可达性较高，可适当提高周围开发程度，增加人口数量。

对于其他站点区域，主要对低可达性区域进行优化。对步行低可达性区域来说，低可达性主要成因是步行至站点时间过长。其中有 4 处区域通过骑行方式可明显提高可达性：①古城站与苹果园站之间区域；②杨庄站与苹果园站之间区域；③苹果园站、模式口站和金安桥站三角形区域；④八宝山站与八角游乐园站之间区域。主要采取优化骑行环境和鼓励骑行出行的方式提高该类区域站点可达性。

对于骑行低可达性区域，此类区域可达性低的成因为站点承载力较低以及骑行至站点时间过长。代表性区域为西黄村站北部区域和八角游乐园站周围区域，可通过增加出入口数量以提高站点承载力，以及优化骑行环境和减少骑行时间来提高站点可达性。

6.3 结合现状精准施策

6.3.1 站域现状调研

根据以上研究结果与实践结合，选择八宝山站与八角游乐园站之间区域进行可达性优化设计策略研究。

通过对石景山区慢行街道改造建设项目，向周边居民征求了他们对站点周边步行与骑行道路改造方案的意见，对周边居民进行了问卷调查，共回收 150 份有效问卷（见附录）。其中 86.67% 的人选择通过步行前往轨道交通站点，并且这些人中 66.92% 的人表示如果优化慢行系统会选择通过骑行方式前往轨道交通站点。该结果佐证了以上研究中所提出的可通过优化骑行进而提高站域可达性的策略。通过优化慢行系统，可以增加骑行前往站点的人数，进而使站域可达性提高。

为进一步了解站域周边慢行出行系统现状，并提出针对性方案，对站域周边进行了现场调研和问题梳理。

该区域位于石景山区石景山路，站域周边为石景山区商业圈，其中包含行政、商业、体育娱乐等功能，人流量较大，如图 6-11 所示。提高该地区的慢行系统，可以提高居民步行和骑行前往站点的意愿，并提高由站点前往目的地的慢行可达性，有助于提高区域服务水平和站域通勤质量。

经过现场调研，发现站域内慢行环境较差，较多因素影响慢行出行。站点出口处骑行和步行混杂，争夺出行空间。如图 6-12 所示。

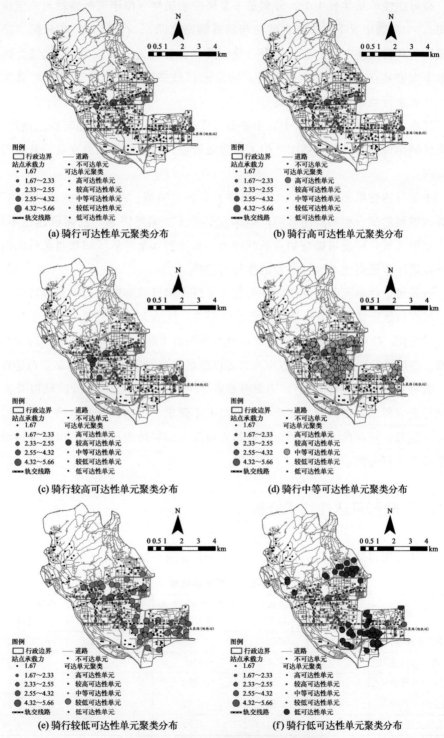

图 6-10 骑行可达性聚类结果空间分布

高可达性单元共有4个,分别是玉泉医院家属楼（位于玉泉路站与八宝山站之间）、中海寰宇天下（位于古城站与新首钢站之间）、石景山路99号院（位于古城站与新首钢站之间）和景山府（位于北辛安站与金安桥站之间）。该类区域至单个大型站点或多个站点用时短,居住人口虽多,但周边站点供给可满足需求,从而步行至站点可达性最高。

较高可达性单元共有14个,主要分布在金安桥站、苹果园站与杨庄站周围。该类区域至大型站点时间适中,但人口数量较少,站点供给能力充足,从而可达性较高。

中等可达性单元共有22个。分布在八角游乐园站、古城站和西黄村站周围。该类区域虽然步行至站点用时短,但站点供给无法满足需求,从而可达性不高。对于此类区域,可适当提高站点承载能力,如增加八角游乐园站和西黄村站出入口,以进一步提高该类区域站点的步行可达性。

较低可达性单元共有9个,分布在1号线南侧区域和模式口站东侧区域。该类区域人口数量最多,但可达站点承载能力差,供给无法满足需求,且步行至站点时间较长,使可达性较低。可优化此类区域慢行交通,提倡骑行出行,减少出行时间。亦可增设站点或增加站点出入口,以提高站点承载能力,提高站点可达性。

低可达性单元共有42个,主要分布在1号线与6号线之间的区域以及模式口站与金安桥站东侧区域。此类单元供给大于需求,可达性低的原因为步行至站点时间过长。可在此类单元周围增设站点或建立完善的慢行交通,以减少该类区域至站点出行时间。

6.2.2 骑行可达性结果分析

对骑行所得结果进行聚类,结果如表6-8和图6-10所示。

表6-8 骑行聚类结果

类型	需求单元数量	需求单元人口数量	需求单元可达站点承载力之和	需求单元到站点骑行的平均时间	骑行可达性结果值
高可达性单元	1	4.83	1.53	−0.36	5.01
较高可达性单元	5	−0.02	−0.46	−2.48	3.76
中等可达性单元	125	−0.52	0.61	−0.21	0.34
较低可达性单元	44	1.53	−0.43	−0.22	−0.29
低可达性单元	62	−0.11	−0.90	0.79	−0.86

注:表中结果经 z 值处理。